觀自在菩薩行深般若波羅蜜多時照見

心經的智慧

釋繼程■著

〔新版序〕寫給台灣讀者

心要直說法空相　點出般若勝義諦
經文含攝四悉檀　從了義至不了義
的的應機來施教　眾生隨機各得解
智慧由淺而入深　一切苦厄皆能度

序心經的智慧

己丑閏五月初九自台返馬

太平繼程并題

〔原序〕幾句話

（一）「全國大專佛青年生活營」是我與幾個學生創辦的課程，也是我的弘法重點工作之一。到今年（一九九〇）已是第六屆了，每一屆都有一個主題，在十天約二十四個小時的課程中，我繞著主題而盡量把佛法作基礎性、全面性的介紹。每一次都有錄音，本書就是第三屆生活營「心經的智慧」的錄音筆記。

（二）在講解《心經》時，我不採用一般依文解義或逐句講解的方式，而是把「外圍」的課題，如佛教思想的發展、《心經》裡的名相，還有其他有關的概念等分析清楚，才應用「四悉檀」判攝《心經》，將內容連貫起來。

（三）由於屬於講演性質，所牽涉的範圍也相當廣，且在講課時也會旁伸到其他方面，故照著記錄就自然顯露了組織不夠嚴謹，甚至散漫的現象。讀者閱讀時當須注意，並把握其中心，相信會有所見，會有所得。

目錄

〔新版序〕寫給台灣讀者 003
〔原　序〕幾句話 004
緒言 013
經題 036
翻譯 037
波羅蜜多 040
苦 040
苦苦 041
壞苦 041

行苦 042
般若・智慧・知識 043
六度 044
布施 045
持戒 046
忍辱 049
精進 051
禪定 051
六度相互配合，般若領導五度 052
三種般若 053
文字般若 053
觀照般若 057
實相般若 058
三慧——聞、思、修 059

060 聞所成慧
061 思所成慧
063 修所成慧
064 戒・定・慧
064 現證慧
065 世俗智與勝義智
067 《心經》
068 三心
070 中心與全部
070 經與論
073 律
074 內容豐富的《大藏經》
075 解題
077 《心經》的譯本

079 譯者簡介——玄奘大師
085 經文解釋
085 空有、事理、完整觀察
088 蘊處界
090 世間的現象——有情與無情
094 佛性・法性
096 五蘊
096 色法——地、水、火、風
102 心法——能識、所識
103 受
107 想與行
108 識
110 五乘
113 三乘

十二處 116
根與境 117
十八界 120
根・境・識 120
十二緣起 123
時間與三世 124
空間 126
流轉與還滅 134
四聖諦 136
因果 136
苦 137
苦的因——無明與愛染 140
愛染 140
無明 142

我 144
事與理 145
欲 147
滅 149
八正道 151
三學 153
解行並重 155
四悉檀 155
契機契理 156
世間悉檀 156
為人悉檀 160
對治悉檀 161
五停心觀 162
第一義悉檀 165

166 三法印與三系
169 以四悉檀分析《心經》的內容
173 自在與菩薩
175 破執
175 空——事理無礙
178 我空·法空
180 不生不滅
183 破有而否定
184 肯定與提昇

187 【原文】般若波羅蜜多心經

緒言

一、佛陀隨機說法，觀機逗教

學佛者常會面對一個大的問題，就是佛教的經典太多。不過經典雖多，其思想卻都有個系統，只是此系統卻不是在佛陀時代就刻意組成的。因為佛陀講經說法的主要任務是應病施藥、觀機逗教，對於不同根性的眾生，佛陀就用不同但適合的方法來指導，旨在使眾生走向解脫之道。

為使眾生解脫，佛陀就針對眾生所需而開示。他所度的眾生非常多，有時對一個群體說法，有時對幾個人說，有時則只對個人說：場合與方法皆不同，這都是基於眾生根機不一。對根機較利者，佛陀只需告訴他：「諸惡莫作，眾善奉行，自淨其意，是諸佛教」；或對根機更利者說：「諸法因緣生，諸法因緣滅」，就能開悟了生死了。因此，有時佛陀只把主要概念告訴弟子，如說八正道，一些經典就只寫「正見乃至正定」。可見佛陀不刻意也不花時間和精神去組織一個思想和系統。不然，佛陀怎能度如此多的眾生？佛陀是隨緣說法。

由於佛世時，印度並不重視文字，因此聖人都以言教來表達真理，而沒有文字記錄。為了流傳下去，大家都耳聞而記憶，所以印度人就養成了特別好的記憶力。而為了方便長期記憶，就出現了以誦經為方法的現象。佛陀也常將其教學用偈頌誦出，猶如詩歌，容易背誦。也因為佛陀小時受過語言訓練，文學修養極好，故常用極優美的句子說法，使能背誦。比如南傳的《法句經》，有幾百句偈頌，都是原始佛教的道理。

二、經典內容的擴大與組織化

這些佛弟子們之能背誦，除了記憶力好外，也在於佛陀的教學法很實用。而且，佛陀時代的弟子根機都非常利，如五比丘、迦葉尊者、舍利弗和目犍連等，佛陀對他們說法，有的在七天、二十一天或三個月就證阿羅漢了。因此，佛陀為彼等說法都很簡單扼要，但這些弟子欲將佛陀的教法傳給學生時，則須較詳盡的解釋，甚至須分析極詳才能明白。經由後代弟子加以分析下，逐漸地就組織成一個有系統的觀念。比如一章專講惡，一章講善，另一章再講清淨內心的，就成三章了。什麼是惡？如何治止？又是一章；如何發揮、實踐善是一章；如何實踐清淨，使個人的清淨進而社會的清淨，又是一章，這樣就有了組織。此外，從背誦到流傳的過程中，除了原偈之外，還有偈子的解釋，甚至加上自己所體會、所消化的也傳下去，一代傳一代，經典內容也漸擴大了。

因此，佛教的經典最初是用口傳，直到佛滅後好幾百年，口傳也出現了缺點。人的記憶力雖好，也還是會記錯的，不然就是少說或多記（加上資料），這導致記憶內容過些時期就不一樣。另一原因是：當時的文字已發展到足以表達真理。還有書寫工具也很重要，像中國早期的經典都非常簡單，就因為是用刀刻在竹片上的。那個時候印度開始用貝葉書寫，它算是非常進步的一種紙張。這些因緣條件具備下，佛教就用文字記載經典了。

到了文字記載時代，同樣的，經典內容也更逐漸擴大。其中，原始經典還保持它的面目，而一些新的經典也開始出現。原先簡單的句子或內容，多數人已不能完全了解，故在內容方面還要發揮，那些高僧大德就把所體會的再記載下來而傳給弟子，弟子再作註解或加上其經驗。當重抄時，可能就將註解等也抄下了，就如在中國古代流傳下來的經典，都是連註解也抄，傳了幾代，註解可能也就成了經典的內容。

佛教現存最早的經典是《雜阿含經》（在南傳佛教叫作《相應部》），都是很短的經典。當中國用紙或布來抄寫後，都是卷起來，故稱一卷一卷。以中國的計算法，若是《雜阿含經》，一卷內可能有五部經，甚至十部經；發展到《中阿含經》時，一卷內有二部或一部；至《長阿含經》時，或三卷一部，內容擴大了。這些內容有時把好幾項事合起來講，比如《涅槃經》，將佛陀在某個地方做何事、說何法都合在一起，卷數就大了。

到了《增壹阿含經》時，它就有組織了。所謂增一，即是一個數目、一個數目地增加。比如開始是一法，後二法，然後三法，如三毒、三法印等；再四法，四念處、四聖諦等，如此推增下去。這些都是經過組織的，所以已有論書、論典的雛形了。後來經典結集，大眾有了相當標準的公認後又重新組織，在若干經本之後又作一個偈頌。所以，像學《中阿含經》不會很難，它十部經有個偈頌，背了偈頌就知此十部經的主題或大概內容。

中國佛教的《雜阿含經》稱作雜，是因為它的確很雜，但早期並非如此。在傳到中國翻譯時，因其經文皆短，卷次沒排好，導致混亂就變雜了。實際上，要重排其組織是可以的，因經文有其專門性，比如講五蘊的一部分，講十二處的一部分，講十八界的也一部分。因此，印順導師將《雜阿含經》重新排列，以明其組織。這都是弟子共同分析而組織的，但主要內容和本質均是依緣起而說的，一切法皆未改變，只是表達的內容和方式擴大了。

此現象發展下去，更新進的思想便出現了。

三、大眾與上座二部的經典

早在口傳時期，即佛滅後一百年左右，佛教分裂成兩個部派，此稱根本分裂。此分裂形成佛教最主要的兩個思想主流：一個屬改革派，比較進步，叫大眾部，其人數較多且年輕；另一個屬保守派，多為長老，叫上座部。此二派各有長短處。

佛教發展至今，此二派的思想和精神都有其主要貢獻。保守派的上座部認為佛所說的都要遵守，佛未講的不能加進去，此造成彼等的經典永遠固定一個數量。那些佛未說或非佛說的，他們就加在論典部分，然而現在他們也不加了，原因是他們的三藏經典已定了型。這些論典，都是過去那些大阿羅漢或高僧（如斯里蘭卡的覺音）的論典。此保守作法，使得原始傳統佛教的許多精神面貌保留至今。今日的泰國、斯里蘭卡和緬甸等佛教，都存著相當大成分的原始佛教面貌，這就是他們的長處。至於短處，便是他們的適應力較弱，而且後來的高僧只能發揮其三藏裡面的內容，終不能開拓出新的境界。因此二千多年來，其思想與境界永遠無大改變。

而改革派的大眾部，認為佛陀的精神需要深入民間去，並運用大眾所需要的以接引他們進入佛門。他們常記住佛陀曾說過一句話：「我所說過的法如爪上泥，我未曾說的法如大地土。」而且，「世間所有一切善法，只要是導人行善，給人光明希望的都是佛法」，故即使佛陀沒講亦沒關係。只要它在世間的道德觀念上是純正，即便是別種宗教，亦可屬佛法。由於包容性強、涵蓋性大，故能發展出龐大的經典。如早期經典《長阿含經》算是很長，三卷、五卷一部經典；但後來的大乘經典卻是幾十、幾百卷一部經典，如《華嚴經》、《大般若經》等。而此部派發展至終，就是大乘佛教的出現。大乘佛教因吸收許多世間善法做為弘教的基礎，或吸收外來的思想來發揮本身的思想，導致其經典不斷擴大並開拓出許多新境界。若能深入其經典，會讚歎其境界之深廣。然而這也導致後來許多深奧、玄妙的思想出現，可想而不可行，成為想像或理想。

另一方面，就是地理環境的差異影響。大乘佛教多在東南印度，近海。住在海邊的人較會玄想，因所見氣候變化多端，可引發思考力和豐富的想像力。所以，許多藝術家都喜歡住在海邊或山上，不喜歡住在山谷，因為山谷像井底，所見都一樣。至於西北印度的「小乘」，則是住山區或山腳。因此，地理也是造成大乘經典龐大的原因之一。

還有一種現象，即小乘經典定型後，新加入的都編在論典裡，論典內會寫上個人名字。但經典沒有寫上個人或作者的名字，因為是大眾結集的。而且，以前的高僧大德都很謙虛，他們對佛的信心非常堅強，認為自己的心得與境界全是佛所教。當他們把所得到的境界或真理傳給弟子時，都說是佛傳下來的。傳了幾代後結集成經典，也無個人的見解和思想在內，這種現象造成了大乘經典不斷湧現。不過，對於保守派來說是一大問題，他們的經典定型了，卻看到另一部分佛教的經典一直出現，除《四阿含》外還有新的經典出來，就發生了爭執，認為自己才是佛教的主流、是佛說，他人的都非佛說。時大乘佛教信心非常堅強，指責「非佛說」是無理由的，而且佛曾說過一切善法都是佛法，佛法不單佛說，佛弟子也可說。從佛說的所體會到的法，同是佛法。

當時的小乘又變成學術化，鑽牛角尖，有時因為句子解釋不同，就分成兩派。因太學術化，理論繁瑣、曲高和寡，攝化眾生很難。而大乘佛教回歸佛陀時代的精神，讓佛教生活化，以世間的方法適應眾生，這就造成其經典範圍很大了。同時，他們斥小乘非真佛子，不能繼承佛陀的教學，只有他們法王子——菩薩大乘才能；又喻小乘行人為焦芽敗種，不能開花結果。如此，雙方便起了衝突。

然在發展中，又有為了融合大、小二乘的經典出現，也就是《法華經》。此經說小乘好、大乘也好，不管從哪裡入門，最後都能成佛，將三乘會歸一乘。在《法華經》中，佛就為舍利弗和目犍連等授記未來也將成佛。在原始或早期佛教，阿羅漢果位就涅槃不轉世了，怎能成佛呢？大乘佛教就貶阿羅漢的境界，說只有佛菩薩的境界才高。但在早期的大乘佛教是不貶阿羅漢的，像般若系統的經典雖有時也貶，不過不明顯，不會給人強烈感覺到此種貶抑。後來，有些經典根本不把阿羅漢放在眼裡。

《法華經》則不是，它說只要回小向大，阿羅漢也能成佛，不管何乘都能成佛，皆大歡喜。

四、大乘與小乘的分別

其實，在佛陀的時代已有大乘思想了。當時無所謂的大、小乘，大、小乘之分不是單在教理方面，主要還是在心願方面。心願大的人，行的便是大乘佛法；假如心願小而又常告訴人家行的是大乘菩薩道，那是口頭上的菩薩道而已。因此，近人批評中國佛教常自稱大乘佛教，行為卻都是小乘。比如（我不欲貶任何宗派）念佛求往生者，因世間多苦、眾生難度，自己先溜，只求個人往生，怎能說是大乘佛教呢？大乘佛教是為眾生受苦的，所謂「我不入地獄，誰入地獄」、「但願眾生得離苦，不為自己求安樂」。這也是因為他們不了解淨土，只知修習，不求了解。

《阿彌陀經》中說，要修到一心不亂往生淨土，還要不可少善根福德因緣，福德因緣便是度眾生的工作，也就是要布施、持戒、忍辱。如果獨自躲在深山念佛求往生，大概也是中品中生一類而已，不行菩薩道就不能上品上生。慈航法師說過：「若有一人未度，切莫自己逃了。」所以，慈航法師留下全身舍利，他說還要再來，這是菩薩心腸，也才是大乘佛教。

以現代眼光來看，南傳佛教都被歸在小乘佛教，而北傳佛教都稱大乘佛教，但最好不要以此態度去看，因為佛法是個整體，並沒有大小之分，而是行持佛法的人心願有大小；有了大小，方法就不一樣。如果個人修持禪定，觀緣起，了生死就比較簡單；但若還要度眾生，卻整天在打坐，是不能度眾生的。從觀緣起證到平等智，整天告訴人家平等，他也不能了生死，故要用方法去教導。

我常舉一個例子：比如有一家三口賣咖哩麵，擺個檔口（攤子）就很方便，如果想在全馬來西亞開連鎖店就不簡單了。這必須有強大的組織，否則整個連鎖店可能會倒閉。如果只開一個檔口，是小乘很方便，賺錢不必入帳，反正是一家人的。但擴大組織時就更加複雜，而要修學大乘佛教，在實踐、知識和運用等方面要有系統和組織。因此心願的大小，會導致所運用的方法不一樣。

所以，小乘如果沒有學術化就比較單純；而大乘可能會因內容擴大而使組織龐大、繁瑣，分成很多宗派，每個宗派都有它的特色和所要度的對象，但現在我們不要以這樣的眼光去看。當然，我們知道中國佛教和後期的印度大乘佛教發展到龐大思想體系，確實了不起，是一種智慧。但在運用它的時候要記住，要與我們的心願和生活相應才可以，不然就不是真正修學大乘佛教了。開口就說修六度等大乘法門和許多好聽的話，做時卻做不來，解行就不能相應。因此，佛法大小是從心願看，心願大小就使方法、教學、運用、吸收和表達分別了出來。這種分法比較明確，也可以現代眼光來了解。

但在印度確是分成大、小乘，而保守派（小乘）還是有它堅強的勢力，後來發展到最重要的部派——說一切有部，它有一部論典叫《大毘婆沙論》，有二百卷。研究大乘佛教比研究《大毘婆沙論》還容易，原因是《大毘婆沙論》分了再分，是很細密、繁瑣的系統，除非是研究唯識學，還可以跟它比，其他的大乘思想還沒有它細密。因此，它是有一些力量，也保持了相當久的傳統。其中有一個部派叫赤銅鍱部，它並不完全屬於上座部。

赤銅鍱部是這樣分出來的：佛教先分兩部——上座與大眾二部。上座部再分裂出一個分別說部，此部有折衷的味道，因為它也吸收大眾部的東西。而且在地理上，它在東南印（大眾部）和西北印（上座部）的中間。從這部派再分裂，有一派便叫赤銅鍱部。斯里蘭卡的佛教就是此部傳來，因其經、律、論三藏皆屬此部，所以此部還保持著。而斯里蘭卡佛教一般是不會排斥大乘，因分別說部和赤銅鍱部系統有吸收大眾部的思想。實際上，在《增壹阿含經》中就講到六度法門了，也就是說已包含了大乘思想。一些比較極端、保守封閉的，尤其是泰、緬某些宗派，才排斥大乘佛教，今因思想交流溝通容易，他們才逐漸開放。

須知，《阿含經》是一切思想的來源，大乘佛教（思想）絕對不是突然間出現。佛陀說法講出綱要，經後人發揮而形成龐大經典，如果追溯其思想根源，便可在《阿含經》看到。比如原始佛教和部派佛教時只講六識，到了唯識學時才進一步講八識，便以為在唯識學時才突然出現八識，實際上在《阿含經》裡雖沒講第七識和第八識，可是它的思想已包含這一點。因意識依於意根，意根漸漸發展出第七識和第八識。而意識感覺得到，意根則深細而沉隱，需通過瑜伽的方法才發現，所以第七識和第八識的設立是有根據的。通過緣起的事實現象，一直不斷地演變、改進，這種思想就出現了。

然而一個上座部佛教所不會面對，大乘佛教卻面對到的問題，就是它吸收和運用外來思想有時會過於俗化、過於方便而捨本逐末，以致後來變質很多。因此，研究大乘佛教要去研究它的根本思想，不然就會發生許多問題。比如放光、神通和感應這些本是一種方便，最後卻變成大乘佛教的要點；但是最主要的教理、中心思想——緣起性空，卻沒有人在意。像一些信願法門，如吃素、放生本是好的，可適應眾生，但最後大家學佛只知吃素、放生，卻不知持戒、修心和救人，這就叫本末倒置。

佛教發展至此，問題就出現了，因為許多剛進佛門的人回家就要吃素，和家人鬧，以為只有吃素才是佛教。能吃素當然很好，是美德，但在佛教並非最重要的。這就是沒掌握到佛教的重點，致使許多好的方便反而成為障礙而成為大乘佛教的缺點，這是大家應該注意的。因為太過方便，才發展出後期的密教，人有、我也要有，結果就吸收不少當時印度宗教的思想，如性力派、梵我的思想，而使佛教變質。

大乘佛教是有它的長處的，也就是涵容性和涵蓋性大，開拓的境界很廣，只是沒掌握其中心才變質；而小乘佛教（保守派）能夠一直堅持其面貌，只是不能開拓。了解到各現象後，對兩方面的長處都能好好運用，那佛教就會走向美好的前景。有些人學其短處，一方面排拒他人，認為自己最好，卻又弄出一些古裡古怪的東西來。

因此，先了解印度佛教的大概情形，就能了解《般若心經》或《般若經》是何時代的經典？它在這時代所扮演的角色為何？在整個佛教的發展裡，其思想在佛教的重要性是什麼？這樣在研究佛法時，便能將整體連貫起來。另外，在研究佛教史時，因為時間是一直流動的，在研究的範圍以外也要去了解，這樣才能看出思想的演進和其所產生的影響。

研究一部經典也一樣，要知道它出現的時代、重要性是什麼？是怎樣演變出這個思想？又由這個思想發生怎樣的影響？這樣研究就比較完整了，這是從時間上看。如果是研究一個中心，就不要忽略旁邊有關聯的東西，這樣才能完整，這是從空間上看。印度當時出現了此經典，和經典有關聯的這些地區的現象是什麼？思想是什麼？從這些才能看出其要點和關聯性，用此態度研究佛法就會較完整地了解佛教。

五、印度佛教的概況

現在簡略講講印度佛教的大概情形。

一般，印度佛教可分成幾個階段，這些階段都是思想上的發展，也是佛教型態的一種實現。

原始佛教：我們把佛陀時代的根本佛教及佛滅後的一百年間，僧團和合的時期，稱作原始佛教，這是佛教最單純的一個面目。

部派佛教：從上座部和大眾部開始分裂，稱部派佛教。它的分裂因素很多，一是思想上的，有進取與保守兩種思想。另外還有地區關係、時代的發展及一些人為的需要，所以有內、外在的因素。據說最後發展到二十個部派，但比較重要的還是上座部裡的說一切有部，他們的特色是說一切都是有。

上座部的論師很多，他們在歷史的傳承裡面，地位較受到肯定。而大眾部則是經師較多，一般經師之名都不列入發展的過程裡，因為他們的經典和聖典都是結集出來。後來大眾部重方便和度世，常出新的經典，而與上座部不同。此部派所發展出的大乘佛教，在佛滅約五、六百年後，漸漸展示他們的力量；到龍樹菩薩出現，大乘佛教的勢力更占了優勢。但大眾部所遺留下的資料極少，就形成後人對大眾部的了解反而不多。另外，大眾部也分成好幾派，在考據他們方面較易遇到問題；上座部則因較規律化、學術化，而較容易考據。

大乘經典不只博大豐富，且極富藝術性，而部派佛教的經論則學術味道較濃。所以，學大乘者要有藝術細胞，否則不懂欣賞，因為大乘的重點不單在哲學的思想，更多在其精神。

佛也是阿羅漢，在佛的十號中便有「應供」，即阿羅漢之意。但佛所證智慧和阿羅漢弟子們在本質上雖一樣，量卻有差別。佛的量深，聲聞弟子的量淺，比如從門縫或洞口看外面、從窗口或走出去看，所看的空間雖一樣，但範圍就有大小。聲聞有如從小洞看，佛則如同在大門外看，虛空本質相同，量則有大小之分。

在《般若經》中有個比喻：有三獸渡河，河流（在此指法流或法海）一樣，但渡時的情況程度就有異。比如兔子浮在水面渡過，馬也一樣，但在岸的兩邊會碰到河床；而大象則是截流而過，腳會碰到河床。即《般若經》對三乘——聲聞、緣覺和菩薩，都用平等眼光看待，此為初期大乘佛教的觀念。發展到大乘佛教，對聲聞雖有點貶低，但並沒有完全否定他們，甚至肯定他們的涅槃境界是究竟的。就如三獸都過了河，故三乘都是究竟的。實際上，《般若經》是貫通大、小乘一部極重要的經典。講到這裡，主要告訴大家：佛和阿羅漢的境界不一樣，最主要是阿羅漢修行時間短，境界就淺；而佛要修三大阿僧祇劫。像阿羅漢，決心去修，三生到六十劫就能證到。

佛陀要強調大乘的重要時，常拿很多他過去世的故事，裡頭有寓言，有佛陀過去的行持，主要是在其精神。我們都知道，佛陀有一世做太子時，一次走過山崖，看到下面有隻母老虎很餓，身邊還有幾隻小老虎，母虎餓到要吃自己的小老虎時，太子為救牠們母子而捨身跳下讓老虎吃。在我們來說，養虎為患，虎死去不是更好嗎？太子養活牠們，不是會害人？但在菩薩的眼光裡，眾生是平等的。所謂「事事無礙」的境界，就是眾生平等，那老虎的生命和人不是一樣嗎？緣起本性空，那老虎活和人活還不是一樣？他那時的情況，最主要是眾生要死了，必須救活，這就是慈悲精神！如果不明其根本精神所在，就會覺得好像有很多問題。

所以，要了解佛陀的本生或寓言，還要去發揮他的那種精神。在他行菩薩道時，是強調慈悲心中的無緣大慈和同體大悲，並不是叫我們也一定要這樣做（如救老虎），而是要強調慈悲精神的重要，突出那難能可貴的行為。如老鷹餓了要吃鴿子，佛陀就割自己的肉給老鷹吃，此精神所在，許多大乘佛教的經典都有，但我們沒否定它的可行性，不可行性是因未達其程度之故。

有許多行為是我們想像不到，那些達到某種層次的人所做的事，有時真的無法了解。比方下棋，我們總喜歡和程度相等的朋友玩，否則對手棋藝高超，知道你會走哪一步，攻得你兵敗如山倒。所以，日本把中國圍棋分成許多段級，同級者才能夠比。這都是程度問題，比方布施，捐眼角膜很多人是做不到的，但我們要了解這些是可能實踐的。在現今來說，還是先把握它的精神與理論所在，做不到的也不能就此否定其精神、理論和價值。我們不能像佛以身餵虎、鷹，至少捐血總能做到吧？如果死後器官還能用，就應捐出給別人用。這種精神的本質是一樣的，只是量有深淺，也可看出大乘佛教所凸顯的精神。

六、信願、悲與智，三者莫偏廢

一般在實踐佛教的行持，入門有信願門、慈悲門和智慧門，即信行人、悲行人和智行人三種。大乘佛教的精神就是要這三者統一、融合，同時提昇到最高的境界。這三者須同等發展，但要完全做到確是不易。所以，我們常從經典裡發現到，某些經典特別強調其中的一項或兩項，如讀《阿彌陀經》、《無量壽經》和《觀無量壽經》，就發現其重點在強調信願——信行，一種信仰。不理阿彌陀佛是什麼樣子？西方淨土有多遠？總之你要相信，好好地念佛，發願往生，死後總有效果。這完全建立在信仰上，但過分地強調信願，很容易落入迷信，因沒有理論作基礎。

其實淨土宗並不完全如此，它是有豐富的宗教哲學，比如淨土便有很多種淨土的分類，說明阿彌陀佛的淨土是怎樣的一個淨土、往生時是怎樣往生、是否「帶業往生」等淨土哲學。這種信仰有了理論作基礎，就會堅固了。如果淨土法門的宗旨是念佛往生，這和天堂又有何分別？因此，從信願開始，尚需要智慧的理論來扶助，而主要的還要有慈悲心，否則不能往生淨土，因此三者要統一。

然而，一些經典都強調某一點。像《法華經》就講慈悲度世，《華嚴經》的重點在菩薩的境界，也講到度世、信願、慈悲和智慧方面。般若系統經典的重點則放在智慧，因「般若」就是智慧的意思。若喜誦《般若經》、《金剛經》和《心經》，而能夠從中體會到佛法的人，一般較接近智行人，即重智慧的啟發。喜念佛的人則較傾向信願行，念〈普賢十願〉的人也屬信願方面。在這信願裡沒忽略另一種因素，就是慈悲。如《華嚴經》中的華嚴三聖，中間的毘盧遮那佛是釋迦牟尼佛的法身，一邊是普賢菩薩，代表信願，也包含慈悲；另一邊是文殊菩薩，則代表智慧。二菩薩合起來就是中間的毘盧遮那佛，也就是佛陀的境界了。但這也不是說文殊菩薩有智無悲，而是其所表現的精神，是一種智慧的精神。普賢菩薩亦然，他所教的法門都屬信願行，然在〈普賢行願品〉裡有個極重要的觀念，他說「眾生有盡，我願無窮」，這大願就是由大悲心引發的。所以在《華嚴經》裡，他們兩位凸顯了佛陀完整的境界。

另一位重要的慈悲菩薩，就是觀世音菩薩。他發展到中國時是女身，而在印度卻是大鬍子的男身，為什麼呢？因為女性比較容易發揮慈愛，比如母親在照顧孩子時，為孩子做了許多犧牲，她那無條件與無私的精神，就顯現出菩薩慈愛眾生的精神了。由此看來，每位菩薩都有其精神特色，如把眾菩薩的精神融合，就是佛了。當然，菩薩都擁有信願、慈悲、智慧三者，否則就不能成就菩薩的境界了，只是他在三者中比較著重某一點的發揮。所以，完整的大乘是信、智、悲三者俱有。

在成就菩薩道和佛道時，是以大悲為根本，從大悲心發菩提心，再以智慧為方便，才能提昇慈悲和菩提心而成就佛道。所以大乘佛教出現時，這些經典不斷湧現，裡面都包含這三者，而在強調某一者時並沒有忽略另外兩者。《般若經》就是凸顯智慧，比如《大品般若經》最後一品，講到一個菩薩要去親近一位善知識時，他那種精神純粹就是信願行。經中一段講到魔要障礙他時，故意把講堂弄得很髒，又使水都不見了。這位菩薩為了親近善知識，就割開身體的肉，拿血來洗淨講堂讓善知識說法，這就是一種信願精神。以今天來看，血怎能把地洗淨呢？在他認為，只要能把講堂洗淨就可不惜任何犧牲。所以，講智慧的般若經典也有信願行的現象。

我們現在修行，顧得了慈悲和一點信願，可能智慧就不夠了；或修信願法門，智與悲就不夠了。會如此，是因我們人的一種個性。若感情豐富的人，修信願或慈悲就較易入手；比較理智的人，就要從智慧入門。所以，要接引人入佛門，就要看其是重感情還是重理智？重理智的人較「冷」，可教導理性思想；重感情的人較「熱」，則要教一些信願方面的法。而慈悲亦屬感情。

一般信願行的人會想要佛菩薩的力量加持，有他力的觀念，這些求感應者多對自己沒有信心，自覺力量不夠。那些慈悲心特重的人，講到幫助別人就很喜歡，但這須有智慧，否則幫人不成反害人，我們叫「幫忙」——愈幫愈忙。如果是智慧行方面的人就比較理智，什麼都要講證據，對宗教的情操不夠，這樣學佛不夠完整。雖會得到某些好處，比如在哲學方面得些受用，但真正的受用就不易得到。因為許多修行和運用的法門，真的要用信願、信心去接受，若能把信心建立在理智上就較完整了。

因此在修學時，對自己要了解，屬於哪方面就不妨把注意力放在那邊，只是不要忘記其他方面，否則天天拜佛、念佛，卻不知為什麼要拜？要念？有的說梵唄和儀式很好，但為什麼要這樣做？為什麼要念經呢？求感應或佛菩薩保佑？有的天天念卻不懂得其內容，即使懂得一點也很危險，如瞎子摸象，故要完全懂。有的把經文背起來，拿來嚇人，說幾句便「《金剛經》說」、「《華嚴經》第某某卷說」。背誦雖好，但要消化、體會它，而使經念得有意義、有價值。所以，行持信願行若有理論智慧在內，這種信仰就會堅固，這是佛教裡很好的法門。但要知道為何要往生西方、怎樣往生、往生後又怎樣都要搞清楚，否則念個什麼呢？

在我們進入佛門時，當然不可能一下三者都包含，但要慢慢從自己比較能運用的其一，把另兩者合在一起。喜歡研究佛法的人，莫忘了信願法門和發菩提心也很重要，因智慧入門的人很容易落入小乘性格，看看一些知識分子，多先為個人著想，只要自己活得好就夠了。大乘佛教裡，悲心是最重要的，悲行的人行菩薩道很熱心，常行利他，但智慧不夠的話，會變成濫情，這就叫作敗壞菩薩。修信願（感情）的人，最終要歸到理智去，否則其層次提昇不起來，故需要悲智的扶助。

學佛不要一開始就一門深入，這是我常強調的。比如一開始就說「我是修禪的」，結果就「慘」，這些人把自己先封閉起來，都不是大乘佛教的正常道。正常道是要信願、慈悲及智慧平衡發展，不能偏廢。如要運用某法門或某宗派，之前先要能夠涵蓋整個佛教的基本概念，從這完整的認識，才再往某方面作較深入的理解。因為有了基礎，當作較深入的理解或修持時，便不會忽略其他。如果從那兒又得到受用，就能夠開拓另外一個境界出來。

我們可翻看每一位開宗立派的祖師著作，哪一個不是涵蓋整個佛教的思想與系統？如印度的龍樹、無著和世親；中國的智者大師、賢首大師都是，他們都成為一代宗師。當然，不是每個人都可成為宗師，但至少我們學佛要用比較完整的眼光去看。像《佛法概論》和《成佛之道》這一類的佛書，它們的涵蓋性就廣，如能把它們好好看完，對佛法就會有相當全面的認識，但這種認識是鳥瞰式的。

所謂鳥瞰式，是從高處看下，不是很清楚、很深入，但相當的完整和全面；有了全盤的認識，要往某方面深入時，就不會忽略緣起的道理。每個個體都必然與其他相關聯，但仍然都有它的獨特性。我們現在修習某一個法門，也可以與其他法門貫通。在深入某個法門時，因之前已涵蓋全部，就能用正確眼光來看世間和學種種法門；而在看一件事情時，也才會用多個角度去了解。所以學佛要得到受用的話，就要以這樣的理解去涵蓋。

我們都知道，大乘佛教的經典很多，每部都有它的特色及所要強調的，若能把這些經典看完是最理想。若無法，至少華嚴系統的《華嚴經》、法華系統的《法華經》；般若系統的《心經》、《金剛經》、《大品般若經》、《小品般若經》，或和《般若經》有關係的如《維摩經》等，都能看過。若唯識系統、真常唯心也知道，當然更理想；若辦不到，也要知道這些經典的精神與特色在哪裡？那些深入研究而有所體會的人，他多少就領略到這些經典的特色、法門的作用和它所能感化的眾生是哪一些等。我們如果有辦法深入，能夠把所有的經論看過一遍，乃至從原典上去體會，那是最理想，不然也要從多方面去涵蓋佛法。

印順法師在這方面就做了一些工作，有很多著作，比如《妙雲集》上編就是經論的講記，裡面就有大乘佛教的三個系統：性空、唯識與唯心系統，經和論都有。他講解這些經論，最主要是要把它們的精神和中心思想凸顯出來。假如沒有機會閱讀原典，至少都要把這些閱讀一下，那就會了解大乘佛教的三系。另外印順法師也說過，我們進入佛門或者修學菩薩道，要有所謂的「信願、慈悲、智慧」，所以在學佛方面有學佛三要，三個要門，若沒有把握這個方法就可能形成本末倒置的現象。像前面說過的吃素問題，為了吃素和父母爭吵。它本是好事，可培養慈悲心，亦是信願法門，但沒有理智來引導就出了問題。

在印順導師的著作裡，這些法門的運用，他都剖析得很清楚。我們在修學的時候要注意，如果把佛教當學術來研究，對身心氣質的改變與解脫是幫助不大的，最多拿到佛學博士學位。那當了博士有用嗎？有，至少是個博士，但對自心有用嗎？這就要看他是否能真正地運用？日本有很多學者，都真的從佛法中得到很多受用，並在生活中實踐。很多博士進入宗派設立的學校服務，在信仰裡面有了佛教的基礎；有些是在研究後，受到佛學思想的熏陶而改變自己。所以在理智、學術方面，還是可以得到受用。如果當學問來研究，像研究物理學；或讀這個學位只是為了當大學教授及生活有著落，那就離佛法甚遠了。所以，大乘三個要門怎樣去發揮、怎樣平均發展，都要了解。即使做不到，可以偏重，但絕不可偏廢！

般若系統的經典重視智慧，但法門行持中也沒有忽略其他。行持任何法門，若無智慧的引導就容易走偏差。所以，在修行時要有智慧與正見的引導。但要修智慧也不容易，需要一段時間，所謂「多聞熏習」，從中得到理智判斷力。通過佛法的認識，先把自己的胸懷放大，從多方面、多角度去了解佛法，才容易掌握到中心點。現在學佛的人多，但真正掌握到中心點的並不多。因此，有人學佛一段時間後，信心還建立不起來或者頭腦還亂糟糟，而佛法的知識道理懂很多，就是差一條線把它貫通。

《心經》的智慧是非常高的，如能從中體會到智慧則受用不淺。現在只是以文字和你們講講，真正的智慧還是要大家去體會。你了解以後，怎樣運用它，這才是比較完整和究竟的。

經題

在看經或論以前，一般我們都會先解釋經題，了解題目；如果是論，再了解寫作人的生平。哪一位翻譯的，也會去了解。了解作者或譯者，其重要目的是通過對作者、譯者的了解，從他的角度來看他為何要寫或譯這本書？同時通過他們的時代，也可看出這部經或論出現的重要性。

解釋經題，在一般學問裡面是很少有的現象，但在佛教很重要，因為這個題目就是這部經或論的靈魂。如能了解題目，就能對這部經有個明確的概念了。

例如智者大師在講《妙法蓮華經》的經題時，聽說這個「妙」字就解釋了九十天，所以有「九句說妙」的美談。理解了「妙」以後，就幾乎對整部《法華經》都知道了，因為它的要點就在那個「妙」字。從這裡便可了解到講經的方法，但傳統的方法更嚴密，尤其是天台宗。天台宗是佛教中國化的第一個宗派，它使得佛教純粹以中國哲學系統出現。

智者大師在講經說法時，採用五重玄義（1.釋名，2.辨名，3.明宗，4.論用，5.判教）的方法，但我們現在不用了。雖然不用，但在講經前，我們還是會先把題目作一概括式的介紹。

本經全名叫作《般若波羅蜜多心經》。「般若」的梵文為prajñā；「波羅蜜多」是pāramitā，有些翻譯「波羅蜜」，「多」是玄奘法師翻譯時才放的。鳩摩羅什便譯成「波羅蜜」，因「多」念輕聲，可不譯。此外，如把經名念成「般若波羅蜜，多心經」，就變成心很多了，此因不了解佛教翻譯的方法所致，有時候就誤簡稱為「多心經」。

還有一個現象，就是念「般若波羅蜜多心經」，我相信大概不懂得「心經」二字意思的人很多，其他字都懂得念，只是不知意思。何以故？原來早期翻譯佛經時，發現中國字有不夠用的現象。我們一直對方塊字覺得滿得意的，其實方塊字也確是世界上非常優秀的一種字體，但還有一種優秀且優美，不過非常難學的梵文。根據學習梵文的人說，梵文文法有一千多種，現在這種文字較少用了，屬於一種學術性的文字。它的文法非常嚴密，如果學會它，全世界就沒有一種文字是難學的了，比如去學德文等就能很快上手，因為他已應付了最難的關頭。

翻譯

梵文佛經要介紹到中國的第一項工作，就是翻譯。當翻譯時，發現中國字不夠用，就創造新字或結合一些新的詞。結果因佛經不斷地翻譯，中國字比以前更豐富了。我們一翻字典，會發現許多平常應用的字，其實都是為了翻譯佛經而發明的。如果翻閱佛學詞典，大概有三萬多個辭彙。在翻譯中另外一個問題，是中國字沒辦法把真正的涵義表達出來，只好留下原字以表尊重，但又不能寫下梵文，便以拼音方式來保存梵文字義。當我們運用時，便有不同的理解。

現在許多人嘗試把佛經譯成英文，也遇到文字不夠用的問題，造成外國人因字義上的誤解而誤解整個教理。比如四聖諦的苦諦，英譯是Suffering，在梵文或巴利文叫Dukka，譯成中文是「苦」，但這苦並非痛苦的苦，痛苦的苦只是苦裡面的一部分。可是我們一看到「苦」，臉就皺起來了。因此，西方人便認為佛教是消極的。其實Dukka非此意思，因而現在已不用Suffering而用Dukka，後面再加以註解，這樣才能明確地了解其所要表達的意義。所以，翻譯是件不容易的事，主要是文化上的隔膜，其次是生活習俗上的不同。

佛經要翻譯成中文，是件極難的事情，因中國和印度的思想有許多異處（雖說都屬東方文明）。那些早期來到中國的譯師，由於無前例可據，字典和工具書也都沒有，所以最初的翻譯都不很理想。但不斷地進步，系統就出現了，一些也做蒐集或編輯工具書的工作。另一方面，有些翻譯者並非了不起的，故翻譯不好，造成我們閱讀時有問題。

就如五四運動時期所翻譯的西方作品，有些也出現同樣毛病，甚至不懂英文者也翻譯英文作品。

到後來，翻譯水平就愈來愈好、愈來愈精確，尤其鳩摩羅什大師時候，受到皇帝支持，一面翻譯一面講學。他的翻譯場裡有兩千名學生，身邊幾個學生皆是第一流人才，是當時中國青年才俊。翻譯時，他為主譯，即把梵文念出，有一人審定其念法，有人寫下來傳下去，另一人把它譯成中文，並經潤筆、審記，最後主譯者再看過。鳩摩羅什大師的中文與梵文皆一流，因此能做到此點，這樣的翻譯，其準確性是很高的。

到了玄奘大師，其梵文程度和羅什大師不分上下，中文當然比他更好。玄奘大師是個語文天才，到印度時，據說懂得幾十種方言，走遍印度又把梵文學得很好，親近過許多善知識，做翻譯工作時，便有極完善的系統。因此，羅什時代的翻譯有高水準，到玄奘時代更是翻譯的高峰期了。

但是到了宋朝以後，翻譯就較沒落了。因此，大部分的經典是以鳩摩羅什和玄奘為主。此外，真諦三藏、實叉難陀和覺賢等也都是很了不起的人物，翻譯時非常謹慎，因是聖人的話，故不敢隨便。如玄奘大師有所謂的「五不翻」，即：(1)祕密故，(2)多義故，(3)此方所無故，(4)順於古例故，(5)為生善故。其原因除了是之前所講的保留原音原義，另一個則是為了表示尊重。「般若波羅蜜多」這幾字，就在此情況下不翻。

波羅蜜多

「波羅蜜多」在印度是很好用的，意思是成就或圓滿。一件事圓滿成就便叫「波羅蜜多」，因此印度人吃飽了也叫「波羅蜜多」。此外，還有過程或方法的意思。從一件事開始到完成的過程，叫波羅蜜多；依義中譯便是「度」或「到彼岸」，度即過程，到彼岸即圓滿成就。故其涵蓋面極廣，比如開始學佛到成就這段過程叫「波羅蜜多」，成就時也叫「波羅蜜多」——即到彼岸。

如依梵文直譯，波羅蜜多是「彼岸到」。「到彼岸」是何意思呢？印度人的觀念中有凡夫與聖人，我們都屬凡夫，都在「此」岸，要到達「彼」岸才是成就；要到達彼岸須渡過這條河流，便是整個過程。學習佛法是從此岸到彼岸，此岸是「煩惱」的岸，彼岸是「解脫」的岸；渡過了苦海，就是解脫。所以，佛教的「波羅蜜多」就是要解除人生各種苦，這些苦在《心經》裡的四聖諦中會講到，先略談此苦。

苦

佛教講的苦和我們所了解的不太一樣，我們了解的僅是一部分而已。佛教講的苦，其主要觀念是：人生是不圓滿的。如果你看透此不圓滿而不執著於它，就不是苦事了。但人卻偏偏不圓滿的要它圓滿，明知會壞失還要使它不壞失，或以種種方法得到它。在這過程中，就會感受到苦。若能看透苦的真相，很多問題就解決了。佛法就是要告訴我們，如何透澈地了解世間真相。

苦苦

就是一般我們所了解的苦，比如生病時，很苦；現在年輕，以後會老，就是生命上的苦，我們可直接感受到，就是苦苦。此外，要求一樣事物而得不到也是苦（求不得苦）。或者，你所討厭的人偏偏要和他見面；你所喜歡的人，最後卻要和他離別，這些都是生理和心理的苦。

壞苦

有些人說我不服氣，一切都是苦嗎？我有很多快樂啊！特別是有些年輕人，父母有錢，要什麼有什麼，駕大房車上課，又有大房子住，生活舒適、快樂。可是在佛教的眼光，這些都不長久。比如和朋友相聚時很快樂，但愈快樂，離別時，眼淚一定流得特別多，因為要分開了，捨不得。其實，痛苦以後，還是痛苦的成分很多，當這些快樂失去的時刻，你也是苦（壞苦）。

行苦

最根本的一種苦，叫行苦。這是從諸行無常的眼光看，世間無一物不是無常的，每分、每秒、每一刹那都在改變，因為一切都在變，內心就會有深細的不安全感，這就是行苦。這要從內心深處去感覺，所以要體會此苦的話，最好的方法就是打坐。通過對於念頭的了解，若它在那邊不斷地轉變而不安，就知道什麼是苦了。

佛教是以哲學為基礎，我們一般認識的是苦苦，若能體會壞苦，對世間的認識就更進了一步。行苦是要用體驗的，要真正細心去觀察，才是真的體會。因為世間的東西都是無常，能夠改變無常就不苦，但往往還未改變無常，無常就先改變了你。在無常的力量下，一點反抗之力都沒有，它要你五十年後成個老頭子，你無法說不要；甚至要你兩天後死掉，也無法說不——生命就在呼吸間。你往深一層看，去分析各苦，是不是苦？佛教所講的苦就在這裡。

佛教講的苦，沒有悲觀和消極的成分，只是告訴你真相。許多人就是不了解苦的真義。佛教是實觀或如實觀，這個事物的本來面目是什麼，還它本來面目，不誇張也不減少。不像一些人，用某種方法表現得好像非常好，粉飾太平，讓人看了充滿希望；有些人則過分強調苦或消極、悲觀的一面，給人認為沒有希望。這些都非如實觀。像一些醫生，只是傷風感冒就說你完了，罹癌卻說你沒有事，不能如實。

佛陀在發現真理後，就明白地告訴我們世間的實相，以及教我們如何解決人生的問題。因為這是內心的一種修養，在未達到時是無法了解的；須從內心不斷提昇、修行，證得智慧時就能解決苦。在解決苦時，並非和外境或法則起衝突與矛盾，而是透過真實的了解真相來處理。我們處理事情常出錯，是因為不了解事物真相。所以，「波羅蜜多」的意思就是：我們如何從這樣的境界，渡過這條苦海到達解脫的彼岸。

因此，學佛的目的就是在於解脫。有些人學佛後，發現人生實苦，非要把它解決不可。但在解決時，發現許多人比他更苦，於是便想將自己學到的佛法介紹給別人，希望幫助他解決問題，這就是大乘。如果認為個人生死個人了，自己先了脫，這是小乘，不是波羅蜜多，兩者的分別即在此。本來一個人吃飽了，也是波羅蜜多，但是後來在大乘佛教的演變中，認為要大家都飽了，才是波羅蜜多。

般若．智慧．知識

「般若」二字，中譯即「智慧」。許多人常將「智慧」二字用錯，智慧與聰明是不同的。有智慧的人不一定聰明，聰明的人亦不一定有智慧，當然有具智慧又聰明的人，也有無智又不聰明的人。比如舍利弗是有智慧又聰明的人，很快就證阿羅漢果位，他對智慧的體驗很深刻，也懂得運用世間各種善巧來度眾生。又如有智慧而不聰明的周利槃陀伽，他開始學佛時好辛苦，一個偈頌背了幾個月都背不來，連佛陀教他「掃塵除垢」四字，也是念了好幾個月才上口，但終證阿羅漢果，開了智慧。

很多人聰明卻無智慧，就像一些為非作歹的人，須知那些罪犯都很聰明，不然為什麼警察用盡腦汁防範，他們都有辦法犯案？因此，我們要把智慧和聰明分清楚。

此外，我們也不要把智慧與知識混在一起。智慧是一種親自體驗和修養，這可通過世間各種方法，比如書籍或他人的教導，多方面去了解、體會。而知識是一種學識、常識，智慧則是一種道德，聰明有知識不一定有道德。因此，我們要做有智慧的人，即使不聰明也沒關係，因為至少知道如何在這世間做些好事，而不會成為社會的負擔。

再講到「般若」，般若的意思比智慧還深刻，因般若必定和解脫有關。我說你有「般若」，便表示你的智慧非一般世間智慧，它更深刻、更超然。般若在佛教可說是修行方法，亦是一種境界。

六度

向來我們看到般若，就知與其他五種修法結合，稱為六度或六波羅蜜。它在佛教的修持是很重要的，尤其要成就菩薩道。

布施

六度的第一個叫布施，廣義地講便是幫助別人，讓他得到有「意義」的好處。但假如幫助別人一點錢去買毒品就不是布施，所以要有智慧，否則變成害人。在布施時，精神上可得安樂，未來可得善報。比如捐眼角膜，我們的一雙眼角膜可給兩人用，這兩人死後又可以再捐，大概還可以用二、三代。所以想想看，七十歲死後給三十歲的用，若活到七十歲，就用了四十年；死後再給三十歲的用，若活到六十歲，又用了三十年。所以別人的才用幾十年，我們的卻能用百多年！這是件非常好的事，也是精神和生命上的義務。

它和捐血不同，捐血關係生命的存亡。一個瞎眼者照樣可以生存，但如果能見到美麗的世間，對他來說更有意義。在現代科技裡，捐獻是不難的，希望佛教徒都能去做，實踐布施。純粹以別人的利益為主，這是佛教最主要的慈悲精神。個人雖也重要，但把自己的重要減輕，你會覺得這世界很美好而活得更快樂。就因為每個人都把自己看得太重，每個人都成「重量級」的人物，世間才會因這些「重量級」人物存在及利益的奪取而有了許多紛爭。

佛教給人誤解太多，要改變這形象，社會福利的工作很重要。而且，這種不花錢的工作做得好，比那些花錢的更受人尊重。因為花錢屬於外財施，捐眼角膜是內財（身體之物）的布施。

我發現一個人若常行布施，而且無私心、無條件或企圖的話，就會使心胸不斷地擴大，這對培養慈悲心很有效果。在未學佛時，眼光與心量都狹小，一味希望別人的東西都歸自己；現在轉過來，要拿給別人，甚至身體之物、知識或智慧，都能毫無保留地布施給大眾而不求代價，便顯示心胸漸闊，修養境界也提昇了。

所以把布施看遠點，便可看出許多好處。但布施必須有智慧（般若），否則布施後仍放不下，牢記著那些布施，斤斤計較或希望回報；或布施後，見那人各方面比自己更好……這比不布施時更苦。因此有了般若，能知世間真相，了解布施意義。因緣和合我們便做，因緣散了就放下，不去執著。比如捐血，那一包血落在誰的身上不必去管，總之是和自己有緣。

持戒

第二是持戒，它是佛教一個重要部分。持戒是一種道德，其作用是防非止惡，積極地說則是行善。所以停止惡行、不斷行善，便是持戒。學佛要持戒，就要培養道德觀念，這是用智慧的眼光來了解世間的是非。這世界是有善惡的，善行便是利人的行為。從空間上看，在行善時可利益他人；從時間上看，行善後的業力會留存下來，將來會得到善的果報。惡則相反，作惡所產生的影響是不好的，承受的果報也是惡的。所以，我們每做一事，力量就落此二邊，要分辨清楚。一般，我們惡的心理作用非常重，往往要做好事，就被一股力量拉去作惡。

在戒行方面，一般重點是在身、口二方面的善行。佛陀講戒特別強調善，如果用偈子表示，便是「諸惡莫作，眾善奉行」。單是講善惡，有些人不容易體會，便要細說，什麼是戒？戒，就是不殺生、不偷盜、不邪婬、不妄語、不飲酒等；持戒是有作用、功德的。

佛陀制定的戒律是很殊勝的，它和一般宗教的戒律不同。一般的戒律是權威性的，那是上帝所講，非做不可。但佛教的戒律重在解脫，也就是說，如果我們經常犯錯，就會產生力量阻止我們步向解脫道；相反的，行善愈多，力量愈強，愈趨向解脫。所以，善惡行除了對社會、對自己產生善惡果報之外，重要的是它對於我們未來是否能解脫，起了決定的作用。所以為了解脫，佛陀告訴我們要行善持戒。

佛陀是個心理學家，他講戒時非常透澈了解我們的起心動念。所以，研究戒律很有趣，如果能和佛教心理學配合，更會發現佛陀真的很了不起。

出家人的戒律有二百多條（比丘二百五十條，比丘尼三百四十八條），但其實它的根本只是殺、盜、婬、妄四根本戒，其他叫遮戒，有重有輕。遮戒就是一道又一道的防線，這些防線守得好就清淨。出家戒非常詳細，細微到連日常生活裡的行、住、坐、臥等細節都很詳細地說明。一個人在生活中若能把戒持守得很好，根本重戒就不容易出現問題。

在家戒則是四根本戒，裡面也有輕重。比如殺人，肯定是最大的惡業。最重的是弒父母、弒聖人，殺鬼神就比較輕。靈性愈高的動物或愈接近我們的，殺牠的罪就愈重。

佛陀何以叫我們不要殺生，甚至連蚊子、螞蟻都不要殺呢？有句話很有意思：「我們可以隨時摧毀一個生命，可是我們沒有辦法製造一個生命。」既然牠有生命，牠就有生存權利。我們當牠是害蟲，但是在害蟲的眼中，我們也是牠的害蟲，故牠要用牠的細菌來毀滅我們。大家若都站在這種立場，全世界的人便都是自己的敵人。因此，佛教提倡慈悲不殺，除非不得已，比如面臨生死的時刻。所以，佛陀講的不殺生戒，是通過對整個眾生世界的了解，而了解我們內心的念頭與煩惱。他主要是從自然圈（界）裡去看，也就是緣起法，即相互依存的原理中去看出之間密切的關係。

能夠和所有人類生活在地球上，是一個非常殊勝的因緣；一隻蚊子能夠和我們生活一塊，也是殊勝的因緣。就是有這樣好的條件，大家才能生活在一塊，那為何不能合群共處呢？你認為很難嗎？比如你到森林，看到老虎，你想牠會傷你而非殺牠不可；站在老虎的角度，牠也覺得危險，人類會殺牠故非咬死不可，這樣就會互相殘殺。過去許多高僧大德在深山中修行，身邊的侍者就是老虎。如有一個官員去找一位禪師，這位禪師喊了兩個名字，結果跑出兩隻老虎，官員嚇到跑掉。虛雲老和尚也曾授老虎皈依。真正修行人入深山，修慈悲不殺，連蚊子、毒蛇等都不會傷害他，因為他所發出的心波和氣息是祥和的，這些害蟲都受感染而不干擾。

實際上，佛講不殺生的意義是很深的，故佛要我們非不得已，不要故意去傷害動物。但人很奇怪，看到螞蟻就傷害，牠和我們並無大關係，這可能是一種習慣或者覺得好玩。因此，對戒律了解而不傷害就是一種智慧。同時，戒持得好，修行時就易接近真理，在解脫道上就很容易上路。一個人常犯過錯，修行時便要用更大的工夫去克制種種惡業造成的障礙。所以，為利益各方面，應該把戒律守好的。

忍辱

第三是忍辱。「忍辱」這兩字不貼切，玄奘法師譯為「安忍」較理想。在生活中，我們常會遇到很多不公平、不如意的事發生又無法反抗，只好忍，但最後還是「爆炸」。佛教所講的忍，是用超然的態度去忍，故實際上佛教的忍不太容易修。這個安忍就是忍後，還須將心安下來。因為我們忍的時刻心一直不平，不平就會起煩惱，要忍到心安理得、泰然處之不容易。

忍也是一種智慧（故智慧的異名也叫忍），在佛教裡，證到最高的忍便是「無生法忍」，這是體會無生法所產生的那種力量，所以叫作無生法忍。忍在一般偏重於不好的，如忍他人的打和罵，即如富樓那所說：「人家罵我沒關係，因他沒有打我；打我也沒關係，因他沒打傷我；打傷我也沒關係，因他沒有用刀殺我；殺我沒關係，因我可以進入涅槃。」要達這種境界當然不容易，這是逆境方面。

人家罵我們，我們忍而不生氣大概不會很難；但人家稱讚我們，我們不飄飄然就難了。一般比較容易忍受逆境，順境反而較不易。聽到人家讚揚，要如如不動、不受影響，這才是工夫。所以，玄奘法師譯為「安忍」，我覺得譯得最好。在《般若經》裡有講，一個菩薩在修行時，如有人拿火燒他，他不會起瞋恨心；如有人拿香熏他，是讚揚、崇拜他，他也不曾起歡喜心。因為這兩人都是幫助他修行的，他是用平等的眼光看待。這境界即是安忍，這種忍很難做到。

忍，不是因怕對方只好忍，這非真忍；而是你有足夠的力量，但不用來對付嫉妒、破壞你的人，這才叫忍。有人就會認為，那我們什麼都不用爭取了嗎？樣樣都忍，人家拿火燒也忍，不是這樣，這只屬個人的修養。如果關係到整個人群就不可了，為了幫助大眾使他們獲得應得的利益，我們就要爭取。不過，佛教是用和平方法，不直接對抗，否則增加敵對，只會使事情無法解決。

精進

第四是精進，這是一種努力，對修行非常重要。修行非短時間可成就，要把目標和時間放長遠看。比如工作就從現在開始努力，不要好高騖遠，要腳踏實地一步一步地上去，所以我時常形容為細水長流。很多人都是一下子就開很大的水，或燒開水時又開又看又關火，水怎會滾？我們用功常是五分鐘熱度，過一陣子就懈怠了，成就也就有限。我們要不斷地讓工夫融入在自己的日常生活中，可能你所表現的不是很強烈，但能和你融合而長遠。比如每天撥出一點時間看佛書、靜坐、念經或念佛，工夫就會上手而成為習慣，自然和生活結合，才叫精進。

禪定

第五是禪定。在佛教的用功裡，禪定也是非常重要。一般人的心都很散亂，禪定就是使心集中。我們若能制心一處，便無事不辦。心分散就等於力量分散，能做的事就少了。如讀書，專心的話就很容易吸收。

現在我們要成就大事業——生死大事，以散心是不可能成就的。若以禪定為方法，使心完全靜下時，就能發揮很大的力量，這時思惟也會非常敏銳。如能思惟人生宇宙的真理，就很容易和真理融合而體驗真理。你能體驗到真理就能了生死，這就是般若。

六度相互配合，般若領導五度

我們發現到這六種行持（加第六度「般若」），它們之間的關係非常密切，幾乎每一度都能產生助益而使修持更順暢。不管修哪一度，在互相配合時，要有般若為先導。如果修行時沒有般若為導，每種修行便會出現偏差。只有般若才能使修行納入正軌，但若沒有前五度也不行。因為般若的學習是理論的，沒有前五度的實施就不可能有般若。雖然你可以在理論上了解，但在生活中不能契入。五度像腳、般若如眼，若兩者不能配合，便無法達到彼岸。那邊有金銀財寶、好多寶藏，光用眼看，永遠不會屬於你。

因此六度要配合，但當中要把般若凸顯出來，它是領導，可使我們有清楚、正確的態度去修行，但也不能忽略前五度，如此才能達到波羅蜜的境界。所以，般若波羅蜜實際上涵蓋其他五種波羅蜜。但是要記住，絕對不能偏廢，比如偏於理論、禪定或偏於世間善行；能夠適當地調整這些偏差，修行才算完整。如修智慧，重點完全放在理論上的探討和體會，而忽略了其他行持，將使得行持不圓滿，因為沒有實踐來證明你的理論是對的；相反的，只有實踐而無理論來引導，可能就會做錯了，科學試驗就是如此。你不去做是得不到答案的，你從別人處抄來，那不是你的。

世上每一事物都包含了兩方面，一是理性、一是事相，在行動上就是理論與實踐。理論作用是引導實踐，實踐則是印證理論，整個修行就要有這兩者的俱備。

以上是介紹波羅蜜多和般若，並談及六度。特別要說明的是：般若是一種觀照的智慧，必須要有實踐來配合，這實踐（行動）在日常生活裡是必定要的。從這些行動，我們會發現其重點都放在利益他人方面。假如沒有般若的引導和提昇，我們的行為便很容易落入一個很膚淺的境地。所以，般若使得實踐合乎佛法，合乎菩薩道。如果只是做觀照、觀空而無法運用到生活中，這些觀照工夫就變成想像、夢想、幻想，成為空中樓閣。所以，般若和五度要融合。

三種般若

接下來再講般若。

般若有幾種分類，一般分成三種，那就是文字般若、觀照般若和實相般若。文字般若非真正的般若，實相般若才是。通過這分類，我們會發現：文字基本上是一種介紹或表達，是用來了解的一種工具。觀照般若是實踐的方法，了解後能運用上去就會覺悟真正的般若境界——實相，也就是真相。

文字般若

所謂文字般若，就是所有運用來通往覺悟或實相般若的工具。文字是人類表達一切

（如感情、思想和意志）的工具，我們要了解別人，除了觀察外，也要通過文字。所以，它是表達與了解的管道，也是溝通的工具。但文字般若在表達時不論如何地善巧，仍不能完全表達清楚。因文字是有限的，其功用也有限。其實，文字般若的意思推得更廣，任何能表達的工具都是。人類一般以語言、文字為主，事實上行動也是表達的工具。像啞巴、耳聾者，他們便靠手式或手語，但這些也都是有限的。

如《維摩經》中說，在另外一個佛國裡，其表達工具不是語言、文字。佛陀不說法，他等大家坐好後，入定，然後放出香味，眾生根據香味就能領會佛法，這也是表達的工具。中國禪師用文字般若最了不起，在語言、文字沒有辦法時，他就用身體或巴掌，有時還眨眼、笑笑、伸一伸指頭等。因為他要傳的是法、是智慧，不是文字，所以禪講不立文字。但所謂不立文字，並非所有的文字都不要。實際上，禪宗的典籍在漢文《大藏經》中是卷帙最多的部分，這是說要善巧地利用文字，故可發現禪宗的語錄和公案都是非常精簡的一些對話，或是非常深刻的體驗表達。

這些禪師也用各式各樣的方法來接引眾生，比如徒弟問他時，就會打他一巴掌或種種作法；甚至有一個徒弟被推到門外，門一關，腳被夾到而折斷，當時腳在門內、人在外面，問他腳痛的是在門內、還是門外，他就開悟了，這無非是要使人在那一刻領悟佛法。所以，禪師在運用善巧方便時沒有一定的法則，最恰當時刻就用出來；甚至有位禪師問師父什麼是佛法，其師喊了一聲，聲音宏大到使他耳聾三天。

用身體動作表達的，在中國佛教只有禪宗，其他的都把重點放在語言、文字上。佛陀也是用語言表達的，他說法時沒有教條、方法，都是針對眾生所需而以巧妙的語言來指引他們。經典結集時，也是用語言的口傳方式，後來才應用文字記錄，這些都涵蓋在文字般若裡面。

在文字般若中，現在可看到的就是經、律、論三藏，包括了歷代祖師的著作。因為這些工具主要是讓我們得到般若，所以它本身不是般若，而是達到般若的工具之一。因此，我們必須以正確的態度來了解經典等的可貴性、作用，和它們的局限。通過這樣的認識，我們學佛的態度才不會被約束或走偏差。

閱讀經典時，我們要用虔誠、恭敬的態度去對待它，因為這些是佛陀教導我們的寶貴教誨；但也要知道，我們在念誦或運用經典時，不能被它的文字所局限。如做學術研究，每一個文字都要給它一個既定的定義，但在宗教上，佛教的文字運用是很活潑的，特別是禪宗的文字。不過，佛經裡還是有一些句子，其意義是肯定的。

總之，我們在了解經義時要有一個觀念：即文字是目前所能運用的工具中最好的一種方法，但文字並不能把完整的思想，以及所要闡述的概念完全表達出來，也不能透過它完全了解。比如你們參加禪修課程一定有好多感觸，甚至好多東西要講，可是分享時會發現不知從何講起，寫心得報告時也不易完全寫出來，這就是文字的局限了。尤其當一個人內心有很深的感觸或學問上得到很高深的體解，更會覺得文字不易表達和形容。

因此，我們不能執著於經典的文字。在運用它時，還要更進一步善巧地去體會其更深的意義。所以古人說：讀經要讀透紙背，了解紙背後面的意義才重要，而不要被這些文字所約束、框限了。佛陀告訴我們，語言工具像木筏，其作用是讓我們渡過河流，上了岸就要把它放在河邊，不要因為它助你渡河，便將它背起來四處跑。

所以，文字的作用是將現象告訴我們，知道了就要捨掉文字。開始學佛的人一定先通過這些工具而進入佛法大海，我們現在都處在這樣的階段。但在無佛時，有一些根機利的修行人，他不須跟人接觸，也不用親近什麼人，自己修行。他可能看到樹葉從樹上掉下，就悟到真理了，這時樹葉對他來說就是文字般若。在禪宗裡，很多禪師開悟也是這樣。有位禪師在鋤地時鋤到瓦片，他撿起來隨手一扔，瓦片打在竹子上，「劈啪」一聲，「一擊忘所知」，他就開悟了。還有一位禪師更有趣，他聽到一位歌妓唱一首情歌就開悟了。當時他一直在參「什麼是父母未生前的本來面目」，一天他剛好經過一條街道的妓院，聽到一位妓女唱「頻呼小玉原無事，只要檀郎認得聲」時，便想：「我一直在參『什麼是父母未生前的本來面目』，原來就是頻呼小玉，沒有事的，就是讓我的本來面目認得我罷了！」他就開悟了。

你用這樣的眼光來看，我們生活在這個世界上，哪一樣不是文字般若？所以，處處都可體會到佛法。總之，狹義的，是把文字般若範圍限制在語言、文字；廣義的，便是任何能使你認識實相般若的就是了。

觀照般若

初入門者，不一定就要像個老修行，這個也開悟、那個也開悟。我們通過文字了解佛理後，還要去觀照。觀照的意思，是指我們可以運用內心各種思惟方法，將外在的文字般若，轉化為我們內心所能體會到的般若而真正去運用，它是內心的一種觀想。要證到般若，內心的修養是最主要的。

此外，我們還要把它實踐出來。世上有各式各樣的觀照方法，但重點放在實踐方面；也就是說，如何通過文字後再去運用在生活裡面，並用它提昇精神的境界，發揮其作用。在觀照時，我們就在消化，通過文字而得到慧解，再從慧解而融合在行為裡面。在消化過程中也有各種方法，如現在聽後吸收，然後思惟並真正去做，到最後便會證得實相般若。

實相般若

實相般若其實並不能用文字來表達的，它隔了一層。如我前面說過，要能透過紙背而不要被文字約束，這是要通過自己的行持去證悟的。證悟那境界時，是個非常深刻的體驗，就會發覺不知如何去表達了。如果原本是個聰明的人，就可善巧地利用語言、文字，否則就比較難了。實相般若非一般人表達得出來，它不是佛陀所發明或上帝創造的。它是宇宙間的真理，是個法則。

任何存在世界的事物都依於一定的法則或原理，而我們現在不知這原理。你若能見到這原理、法則如手心的掌紋那樣清晰與親切時，就是證悟到了。這實相般若是「法爾如是」，本來如此，必然如此，普遍如此，不管你發不發現，它都是普遍存在，是一種永恆的真理。你沒發現它，你及一切的存在也還是依於此原理存在。你如果能覺悟到此真理，就可以從生死苦惱中解脫出來，因為你已隨順了法性。

雖然我們的生存是依此法性，但若所行所為都和法性對抗時，那苦惱就產生。所以，就要通過學習而契入法性，證得實相般若。一旦你證得實相般若時，你會感覺到：「喔！原來只不過如此！」

蘇東坡有一首詩：「廬山煙雨浙江潮，未到千般恨不消，及至歸來無一事，廬山煙雨浙江潮。」因為廬山的煙雨和浙江的潮是中國最壯觀的風景，廬山在煙雨濛濛之中最美；在全世界，只有浙江的潮在每年的某一個時刻特別壯觀，它的氣勢好像千軍萬馬奔騰。所以，文人認為不能親見此二景，是一生中最遺憾的事。未到那邊是無法形容的，到了，則浙江潮就是浙江潮、廬山煙雨就是廬山煙雨，用任何字去形容它都是多餘的。

因此，即使我們通過文字去形容實相般若如何奧妙、高深，一到那境界，會發現任何文字都是多餘的，那時你講不出話，只能會心一笑，就如人們常說的一句話：「如人飲水，冷暖自知。」

我們要知道實相般若非佛說、非天人說，亦非餘人說。若佛出世或不出世，發現或不發現，它是本來如此，必然如此，普遍如此。為了讓那些不懂的人能夠體會，佛才用語言說出，但佛也強調不要被語言綁死。所以，學佛要依義不依語，莫被工具綁死，應更進一步地去消化、思惟、抉擇而提昇自己。

三慧——聞、思、修

前面說過，文字般若是經、律、論三藏等傳達佛法的工具。而觀照般若實可再分成三慧，即聞、思、修，也就是聞所成慧、思所成慧和修所成慧，是三種實踐智慧的層次和方法。

聞所成慧

在聽聞佛法時，不單用耳聞，也可用眼看，不論閱讀或觀察，都在聞慧裡面。要聞一定要親近善知識，即良師益友，好的老師或明師。但出名的老師未必高明，高明的老師未必出名，這要分清楚。如果你只喜歡找那些出名的，不一定找到明師。因為出名很容易，但出了名不表示此人就高明，如他對法的體驗、悲心有多重、技巧有多好等，也許都沒有。有些高明老師也沒有技巧，雖然學問很好，卻不知他在講什麼？但有些老師不必聽他講，只要坐在旁邊，你會發現他真的高明，這就是內心的修養。

佛教所講的高明老師，主要是指其內心的修養，比如印順法師，他是近代漢文系佛教界裡的佛學泰斗，修養非常好，對佛學的認識深而廣。印順導師雖只是小學畢業，但因寫了一本《中國禪宗史》而獲得日本大正大學的文學博士學位，可見導師的分量。每次有研究中國佛教的國際學者要來台灣找資料時，都會去請教藍吉富教授。藍教授是我的老師，也是個非常聰明的人，在學術界有其地位，我在佛學研究上得到他的指導很多。他總會介紹他們去印順導師處，有的學者以為又是傳統觀念的老和尚，可是提出問題後，才知導師的學問很深，任何問題都能解答。因為他閱過《大藏經》三、四遍，讀完後一篇篇的論文就寫出來了，如《妙雲集》及幾本學術性大部頭的書。藍教授說印老所寫的只是他內心修養或學識的百分之幾，我比較保留，十分之幾就不得了。許多人只有兩分料就可以寫成七、八分，用資料嚇人，其實都沒經過消化。每次我去台灣，都會設法去印順導師那裡，因為和有修養、有智慧的人在一起，會讓人法喜充滿，如沐春風。

但想要接近明師，你也要有慧眼，懂得抉擇，不要只看名堂大不大，而應看他是否有分量和深度等種種修養。這就需要找機會親近他，或通過其文字的弘法或各方面去認識。我們學佛主要還是在修養的提昇，因此所接近的老師必須有一定的修養。有機會接近明師當然最好，但沒有也沒關係，實際上我們周圍的人或朋友，對我們的修養、學問都能夠起幫助。只要這個人在學問、修養上能給我們啟發，就可把他當作良師益友，就是善知識了。

孔子說：「三人行必有我師」，三人即眾，指眾人之中必有能成我師之人，這與佛教裡說每個人都可以是自己的老師的意思相同。每個人都有其長處，而且有很多方面都是我們不懂的，都值得我們學習，用這樣的態度我們才能學習到東西。除此，當我們無法接近明師或益友時，經論也可當作善知識。總之，凡可以通過他學習到佛法的人，都可以算是善知識。

思所成慧

所以，聽聞佛法就是通過文字般若和觀察，但要觀察必須有基礎。比如空、緣起，若你沒細心去觀照便很難體驗。我只能略略地講，你要了解，就要靜下來，以不亂的一心去觀察這世間的緣起。佛經有講：一粒沙能見到一個世界、一個宇宙。從沙到宇宙的觀察，你會發現整個宇宙包含在這沙裡頭，這就是緣起、空的道理。但光這樣講有用嗎？你要細心地思惟、分析才行，否則沙還是沙、宇宙還是宇宙。這裡所講的思惟，是進一步到修持，也就是要去做，而不只是在那邊思量、分析而已。

佛陀告訴我們：不要以為我們所聽聞的都一定對，所以要思惟；不肯思惟，就像飯菜煮好送進口中，不經咀嚼就吞下去了。不知道佛法好在哪裡，是因為沒有消化。聽了佛法一定要思惟，再加上自己的經驗去體會，看看老師所講的對不對？所教的方法適不適合自己？若不能做到或沒興趣的不要勉強，你可依個性去找最適合自己的方法，如靜坐、念經。常有人問我什麼是最好的修行方法，因為有很多宗派都說他的宗派和法門最好，我的答案是：如果你覺得用了很好，對你而言便是最好的法門；而你認為好的法門，未必適合別人。所以，都有很多「最好」的方法。但什麼是最好與最適合，這就要經過思惟才能作取捨了。

同樣的，假如你們以為我講的全對，就被我拉著鼻子走了，當然我有信心才敢講。有些人，甚至一些在弘法的，不對他還以為對，別人講對他還會批評。所以，四處聽法時要多思惟，佛陀也常這樣教誨。他教我們不要未經過思惟就相信權威，亦不要未經思惟就完全相信所信仰宗教的經典所講的一切。以此態度，可以把佛經、《聖經》和《可蘭經》各看一遍，便知問題所在，然後去修。

修所成慧

所謂修所成慧，就是把聽聞到的法義經過思惟、抉擇而實踐在生活中。修行有兩種，一是在日常生活，把佛教的價值或真理灌輸進去，如輸血等布施、持戒；或遇任何事物的生起，用智慧去觀照、審量和攝心。二是專門的修持方法，在固定的場合和時間，放下一切，專心用功，這就較偏於宗教性的修持了，如早晚課、念佛、誦經、拜佛、研究經典和打坐等。但平時心會比較散，所以要安排固定時間作密集性的修持。那時其他都不管，好好鍛鍊，工夫用得好，心很快就能安定。如打坐，盡量每天撥出二十分鐘或半小時，相信這不會影響讀書和日常活動，那段時間就好好用功，而平常也隨時在用功。

我們常常在發生事情時內心會慌張，導致許多錯誤的行為和意外發生，甚至一失足成千古恨，如果當時冷靜就解決了。我們之所以慌張，是因為從沒收攝和鍛鍊過心，心從來沒有安定過，事情一發生就慌了。所以要常鍛鍊心，盡量把佛法灌輸進去、去觀照，這樣你會發現到：何處沒有佛法？問題是：你會不會發覺它？這要懂得觀照，也就是修行了。

戒．定．慧

修行，進一步地談，便是持戒。它是一般性的，也就是在日常生活中時時刻刻持守著道德行為，防止惡行，使心定下，不去造業。此外，也要修禪定。平時要常鍛鍊心、守護它，如此心便能定，能定做事容易成就。要得智慧也要通過禪定，但有禪定未必有智慧，還須觀照。

當能一心不亂的時候，用心去觀察世間，甚至身邊的事事物物，都可從中得到真理的訊息。不要以為那些禪師是因為一粒石頭「噼」的一聲就開悟了，很容易。事實上他已經用功到相當的狀況，任何突發的刺激、外緣或內心的感觸，他就可能開悟了。所以，如果你能夠隨時觀照到世間何處不是佛法，那就表示你的內心能夠把握觀照的工夫，已有某種程度的定力。因此要修戒、定，然後才能發慧。

現證慧

如果修慧有所成就，就可得現證慧——現在當下證悟到的智慧。現證之意，也可說是現生就證到。有些修學的人以為今生不能證悟，還可來生、再來生，就比較懶散。我們要得解脫，現生能做到便將它做好。若能時時保持著正念或觀照，這就是一種慧力，假如這慧力大，辦事的效果就大了。因此有些人反應極敏銳，做出的判斷正確，這表示此人時時非常細心地觀察，保持著一顆很澄明的心，隨時能生覺照的作用，不說會證到了脫生死的境界，至少在生活裡和提昇精神境界方面幫助很大。因反應敏銳、判斷正確，做事皆能隨順法性，依於智慧了。

現在的人在判斷和做事時則是依於煩惱，尤其是我見、我愛、我慢和我癡這類煩惱，做什麼先想到自己的好處，沒有便不做了。而有智慧的人總先觀照做此事對大家有何好處，自己的好處暫放一邊，只知利他就是了。利他自然就會利益到自己，雖然表面上似乎犧牲自己，但因為自己也是群體中的一個，群體獲益也等於是自己獲益。

所以若能觀照，做每件事判斷正確，對於精神修養會起提昇的作用。因此，時時刻刻要修行、能觀照，這可說是現證慧了。三慧加上現證慧，便是真正的智慧。

世俗智與勝義智

此外，智慧還可分為世俗智、勝義智兩種，都是我們能得到的。世俗智就是世俗的智慧，即指一般的學問，對我們修學佛法很有幫助。比如受過大學教育的人，因為它的訓練法比中學還要高明和專深，對研究佛學來說，就具備了更好的工具；世俗智慧如能不斷地提昇，對研究佛法就能提供更好的條件。但這也不表示就能成功，還須有勝義智——佛法的智慧。勝義智一定要通過修學，即通過聞、思、修，使我們的智慧和佛法相應方能獲得。得此勝義智，會發現世俗智慧不究竟、有缺點。然而要得到勝義智，也必須以世俗智慧為基礎；雖然沒有世間智慧也可能得到勝義智，但是阻礙較多。

世俗智偶爾也會成為得到勝義智的阻力，因為知識愈高的人，常會看不起佛教，自以為最了不起。弘一大師有一首歌叫〈觀心〉，他說世俗的智慧其實很淺，但很複雜，只是愈談愈專門化，學習上反而變得很難了。比如日本的博士（其實應叫專士，因博士應是廣博的，但他不是博而是專），他們專得嚇人。如果專門研究唐朝時長安的佛教，哪一個角落有寺院他都知道，該寺院某時候住過多少人他也知道，但是對於研究領域以外的他就不知道了；或研究佛教史的，連某個時代的高僧生平都知道得很清楚。這就是說世間的學問看來不難，可是一分下去就複雜了。

一般初進佛門往往毫無頭緒，不知從何下手？但慢慢地深入，就能漸漸地看出佛法的中心點，也就會發現它並不太難。只是從茫無頭緒到掌握，其過程並不容易。到能掌握時，會發現佛法所講的就是一個非常重要的概念、一個真理，你明白這真理的法則，什麼都能解決了。

勝義智能使我們從世俗的境界超脫。但是，我們現在所學的佛法，還是落在世俗智裡面，因為我們用世俗的方法或文字來表達和了解它，而未真正地體會或證悟，只有佛陀和其弟子才具有勝義智。

上面是廣泛地介紹般若，現再將般若波羅蜜合講，就是：用般若來解除一切苦厄。當然，也不要忘記要有其他五度的配合。而般若有聞、思、修三慧和文字、觀照與實相三般若，這都是文字上的指導。

《心經》

這部經叫《般若波羅蜜多心經》，心是何意呢？它有好幾個意思。一個是所謂的起心動念，是精神上的，即是心法的作用。此外又說真如心、真常唯心，即是清淨的心，本性清淨的心。一般所講的心，是思考作用的心；但《心經》所講的心，是中心或心要的意思。此心好比心臟，心臟是我們身體的中心，如果其作用停止，血液不能循環人便會死。所以，此心有中心之意，也即是精要部分，意思是說：此經是整個般若系統的經典中，最精要的部分。

從此處我們了解到要研究佛法，就要行持大乘佛法。為何要講大乘佛法？因為大乘佛法廣大，可以成就佛道這個遠大目標。而我們必須以寬大的胸懷和態度來學，及要有三個條件——三個所應有的心。

三心

第一個是大悲心，即要拔除眾生痛苦的心願。要使大悲心生起，就要了解世間苦的真相，這就要從自身去體會，體會到世間的確是苦。現在研究了佛法還可知道這苦，那些沒聽聞佛法的人，苦了又不知道苦，真是苦上加苦。比如白癡，好像無憂無慮，其實白癡的苦是癡心重，不懂思考而說不出。不像平常人的苦是貪心與瞋心較重，所以很快就表達出來。

有人說不懂得思考的人沒有痛苦，像動物也不太會思考，我們人會思考才知苦。所以有此念頭，也就不能一個人逃了，應該把解苦的方法讓更多人知道，能夠從苦超脫，不再沉淪苦海，這即是大悲心。此心生起時，你會感覺到必須去做某些工作，要不斷地充實自己，度更多眾生，成就佛道，這即是菩提心。所謂發菩提心，就是立下成佛的志願，廣度眾生。

因此，你有悲心也要發菩提心，更要有非常重要的般若慧。無般若慧而發大悲心亦沒錯，但很多人就因為太慈悲了，結果反而造成許多悲哀的事來。你要拔除別人的痛苦，此念頭沒錯，但方法要善巧。

所以，並非每個人都要進入佛門，因為有些人無法達此程度來吸收佛法，不能勉強。就像大學是最好、最高的教育，也不可能要求每個人都進大學，否則可能有些人也會苦惱。當然，人人都有知識或上大學是最好，可以因之解決許多問題。然而程度的差別不能勉強，就讓他留在那個階段，好好的服務也能做很多事情。不要看到一棵苗長不大，便將它拔高二、三寸，結果就枯掉了。這不是一種正確的幫助，因為人在事相上是無法平等的。雖然理性上人都有佛性、都是平等的，但是人的長相、高矮、敏捷、記憶等一切都不平等，就讓他安心在他適當的位置做事。因此般若慧非常重要，無它，我們常常會判斷錯誤；若是一國的領袖在政策措施判斷錯誤，便會殃及人民了。

可知，佛教所講的智慧非常重要。你要幫助人的動機是沒有錯，可是因缺乏智慧，造成方法、手段運用錯誤，最後這悲心反而製造一些悲慘的事來。但若無悲心，空有智慧亦不能去照顧人群，因為必須有能犧牲的高度感情，能感到和眾生相處非常親切，才能設法以自己所能去幫助他們。還有要立下大願，亦須智慧來領導，使得在志願成就、發揮高度感情昇華的時候，能夠在一個正確的道路上。

我們修行的大乘佛教，其中心就是般若，從佛教的發展過程或哲學上都可看出這點。因講到小乘到大乘佛教時，它中間一定經過般若。佛教在印度發展時，《般若經》是初期大乘佛教的經典。再說「般若為諸佛之母」，通過般若才能產生諸佛。而整個佛法的中心當然是大乘佛教，因為它才能照顧人群。而在般若經典裡面，它最精要處就在這部《心經》了，由此可看出《心經》在佛教的地位。總之，佛法以大乘為中心，大乘以般若為中心，般若就以《心經》為中心。

中心與全部

然而，不能因為讀完《心經》就表示懂了所有的佛法，因為佛法的中心和精要不表示全部，它只是讓你獲益更多或比較根本的深知而已。你還必須從精要部分再往上下或兩邊擴展，才能掌握到完整的佛法；相反的，得到全部也不表示掌握到中心。如能得到全部又掌握中心，那就解決了學佛最關鍵的問題。所以學習佛法，須記住要廣和深；深則掌握中心，廣則把握全體。

現代很多人都不善於把握整體的佛法，以為知道某部分就可以了，然後東懂西懂一點，結果連貫不來，就因沒掌握中心。佛法實可連貫而得整體，能發現整體的佛法，你便不會排斥不同宗派或不同信仰的人。因為知道佛法的範圍極廣，任何能助修行，更接近真理或對世間產生正面影響行為的善法，都是佛法，而不管它是哪個宗教或學說所講。所以佛法很廣，但中心就是般若，就是緣起性空的智慧。

經與論

現在介紹這部經的經題。

「經」，就是不變的真理，這裡是指佛陀的教導。它的梵文是「Sutra」，是以線把花串起來之意，即將聖人的言語串起而成永恆不變的真理。因與中國文字裡的「經」相當，如孔子等聖人所言，故譯為「經」。

佛教的聖典除了「經」之外，還有一種叫「論」，是佛弟子所造，是解釋「經」的內容。佛陀講經沒有刻意去組織其學說，或使其思想體系很完整。若以現代話來說，佛陀是一位宗教家，用以前的話，便是宣揚解脫真理的人。佛陀所說都是指導人們如何解脫，故佛教學說應稱為「解脫的學說」。

佛陀說法有個重要的現象，就是他的出發點都與人的生活、現實人生有密切關係。他都是針對人們所需而開示，非人們所需，佛陀不講；對解脫道無所幫助的，佛陀也不講。東方聖人如老子、莊子他們也有此種現象，故他們的學說沒有刻意去組織，都是應機而說。怎樣的根性便用怎樣的方法，如應從這角度來看真理，便引導你從這角度去看。總之，其任務就是要你看到真理，依真理而解脫。所以佛陀是觀機逗教，但後代的弟子要宣揚，就與佛陀時代不同了。因佛陀覺證真理，不管從哪一個角度去看或表達都能圓滿做到。而後代弟子無佛陀的境界，便組織學說做為說法的根據，於是「論典」就出現了。

約在佛涅槃幾百年後，經典才陸續用文字記載，但議論的方法在佛的時代就有了。

如說一切有部或其他部派的論典，是舍利弗尊者或目犍連尊者寫的。當然不完全是他們寫的，有些是託名的，因雖寫得好但自己分量不夠，就託名分量很重的人，說是他寫的。為何特選舍利弗尊者或目犍連尊者呢？因為他們的思想是根據這兩位尊者來的。又如在佛的時代，有「論議第一」的迦旃延，是位了不起的論師，很善於跟人辯論，那些婆羅門教的宗教師和其他外道的沙門遇到他就沒法子，因為他的口才太好了。

至部派佛教時，經論與論典各有其重要性。在說一切有部裡，即西北印度一帶，是上座部的根據地，亦是發展出唯識學說的根據地。那一帶的人都特重論典的寫作，走學術路線，故論典是學術性的著作；而東南印度一帶的人則重宗教性的發揮，是大乘佛教的根據地。

龍樹菩薩是南印度人，曾到過西北部，出家後學習上座部佛教，但他覺得不圓滿，閱讀一些大乘經典也認為不夠，進而想自立門戶。後來傳說有個叫大龍菩薩的帶他到龍宮，閱讀到較完整的大乘經典，才把心安定在大乘佛教裡面，之後一生都在宣揚大乘，未再創立宗派。由於他曾到過西北印度，學了那邊的邏輯學和論典寫作法，也以論典宣揚其教理，據說寫得非常多而有「百部論主」之稱。實際上如何我們不知道，因為現存龍樹的論典並沒有那麼多，有很多是後人託名的。

古代的論師與現代的有很大不同，他們寫了很好的論，但知道自己欠說服力，就託名其他大論師，將功勞給了對方；現代則相反，抄襲人家還說是自己的，兩者的心態不一樣。而且古代論師認為不可隨便亂說，要符合佛法，知道自己講得好，但思想是根據某論師而來，其分量亦夠，故放其名。在龍樹菩薩的論典中，就有很多非他的論著而是後人假託他的名，經現代學者考據出來後就還他原來面目，把龍樹的還給龍樹，不是的就弄清楚而分出來。

論典是佛教聖典的一部分，部派佛教重視論典，大乘佛教的中觀與唯識學說也重視它。但大乘佛教的真常思想系統卻重視經典，因其思想體系較宗教化。所以，宗教化的多重視經典，學術化的則重視論典。中觀與唯識的學者都善於思辯，故以論師為主。

後來佛教傳到中國，中國人是重經不重論，因為經是佛親口所說、是聖人的言語，論只是討論的道理。所以，中國佛教觀點中，經最重要，這也使得中國佛教以真常唯心的思想做為佛教的主流。另一方面，也是因中國人普遍不善於思辯，甚至偏於重感性而理性不強。當然，也有些理性強的如智者、賢首這些成宗立派的大師。實際上，東方的學說都偏於感性，故才會較偏於唯心思想。

律

另外一種是「律」。「律」是佛陀所制定的戒律，即什麼應該做、什麼不應該做。

比較早期的律典結構較散，後來就組織得很嚴密，如根本說一切有部的戒律。它是後期翻譯到中國的戒律（義淨法師翻譯），每十條戒就結成一個偈頌，只要背它便能知道這些戒的大概內容。這是上座部較保守的現象，因為重「律」者較重視戒律的研究和發揮，因此就有更嚴密的組織了。

內容豐富的《大藏經》

以上說明了佛教聖典的大概情形。

經、律、論三藏，在中國佛教稱為《大藏經》。《大藏經》為佛教的寶藏，亦為中國文化的寶藏。像日本人編的《大正藏》、《卍字藏》等，都是龐大的叢書。這種情形的主因是佛教的涵容性大，學說內容不斷擴大，而往深和廣兩方面發展。若涵容性小，又排斥他人，便會限宥了自己。東方的印度哲學或宗教，像婆羅門教也有很多經典都是非常高深的，比如《奧義書》和《森林書》等。

但是佛教的聖典這麼多，該從何下手？這是許多佛弟子常遇到的問題。幸好現在有人重新組織，將佛陀的教學、佛教思想的發展，作有系統的介紹。因此就有了入門書，依入門書先把佛教的基本概念把握了，才再往深一層去探索。因不同層次的書，有不同深度的概念和教學；即使同一個名詞，在不同層次上的解釋，深度也不一。所以在佛教裡，你會發現無論下多大工夫去探研，仍有足夠的深度與廣度待你去研究。有些人非常了不起，像印順導師，《大藏經》就看了三、四遍，這是少有的現象。但印順導師告訴我們，真正要學，並不需讀完整套《大藏經》，只需看一些重要的經典，掌握其中心思想，再作適當的貫通，能涵蓋全面的思想就很好了。因此他列了一個表（書單），若能真正用功，在三年內好好讀完，包括其幾本著作，還有一些經論，就相當足夠了。

所以，我們可以通過前人的智慧來吸收佛法，比如印順導師下過大工夫寫出的心得是其智慧所在，如能好好地讀完其著作，就等於學習他的心得，若能深入當然更好。

我們從經典說開去，就引申到佛教的資料，它所保存下來的非常多，這可看出佛教的內容之豐富。

解題

經題大略地講過了，我們還要再看翻譯的人。在霍韜晦編著的《佛學》上冊中有一段話：

「為了般若波羅蜜多在成佛理想中有特殊位置，所以用它來作主題的經典愈來愈多，形成般若類。最先編纂起來的，可能是《八十頌般若經》（即鳩摩羅什所譯的《小品般若》，支婁迦讖所譯的《道行般若》，及與玄奘所譯的《大般若經》的第四、五會相當），跟著有《二萬五千頌般若經》（即鳩摩羅什所譯的《大品般若》，竺法護所譯的《光讚般若》及與玄奘所譯的《大般若經》的第二會相當）、《十萬頌般若經》（約與玄奘所譯的《大般若經》的第一會相當）及《金剛般若經》、《理趣般若經》等。但最流行、受到廣大信眾及知識分子歡迎的，還是《般若波羅蜜多心經》。」

我們一般常用鳩摩羅什大師翻譯的經典，因為他翻譯時，有好幾千人在聽，而那些主筆、助譯、潤筆的人都是當時的青年才俊或高僧大德，所以譯文非常流暢、好讀。他亦譯了《心經》，奇的是，其《心經》反而沒有玄奘大師的版本那麼流通。其他經典，若兩人都有翻譯，一般都比較喜歡鳩摩羅什大師的版本。玄奘大師是中國人，他譯經時，喜歡直譯。

鳩摩羅什大師是西域龜茲國人（父是印度人，母是龜茲國人）。其父本是個出家人，去到龜茲國被國王看上，將妹妹嫁給他。這位公主也有善根，生了鳩摩羅什後不久即出家，後來鳩摩羅什也跟著出家，時約七歲。他很聰明，被請到長安時，正值姚秦時代。雖然他認為讀翻譯不如讀原文好，但因為要懂梵文太難了，所以他還是進行翻譯。他有幾部非常重要的譯作，如《小品般若經》、《大品般若經》及《大智度論》，《中觀論》等有關龍樹菩薩思想的論典，就是他介紹到中國的。

另一位翻譯大師就是玄奘大師，大家對他都很清楚。般若系統的經典擴大到十萬頌，就是玄奘大師翻譯的《大般若經》第一會（四百卷）。一頌若二十字，十萬頌便有二百萬字，整部《大般若經》約計有五百萬字。此外，般若系統尚有《金剛般若經》、《理趣般若經》等，但最流行、受到廣大信眾與知識分子歡迎的，還是《般若波羅蜜多心經》。其實一般人最喜歡的是其中兩部，即《金剛經》和《心經》。《心經》的普遍，是因為它簡短（只有二百六十字），容易學習又方便攜帶，隨時隨地都可背誦。

《心經》的譯本

《心經》在中國前後翻譯多次，至今有九種，後來台灣又有一位學者從梵文翻譯成白話文，故有十種。但用白話文翻譯，其行文反而不如古譯的流暢。因為文言文有時實在好，比如「色不異空，空不異色，色即是空，空即是色」，便可了解其意。用白話文寫出或念出都不如文言文流暢，而且文言文一念誦就可以多少了解其概念了。假如你的語言根基不錯，會看文言文，去翻翻這些經典，你會發現它的文字都很美。它在講哲理時，所用的文字都很巧妙，有些一部論寫下來都是四字一句，文字非常優美。

然而，《心經》也分廣本和略本。只要看過一些佛經就知道所有的經典，開頭都是「如是我聞，一時佛在……與大比丘眾……爾時佛……」，像一篇科學報告。可是《心經》不是，它一開頭為「觀自在菩薩……」，這是略本。略本就是沒有前面的序分和後面的流通分。一部完整的經典（廣本），共有三分——序言、正論和結論。比如經典上的「如是我聞……」是序分，「爾時佛……」是正宗分；最後佛陀講完了，「大比丘眾，歡喜讚歎，信受奉行，禮佛而去……」便是流通分。其他宗教的經典，都沒有佛經如此科學化的組織。

略本的《心經》就只有正宗分。在九種《心經》版本裡，廣本的有六種，但不流行。實際上，玄奘大師和鳩摩羅什大師的翻譯相差不多，只是玄奘大師的較簡略一些。根據傳說，玄奘大師從中國到印度時，一路上就是持誦鳩摩羅什大師譯的《心經》。據說他在八百里沙漠行走時，水袋掉了，幾天沒水喝，本想回去邊界取水，但想到曾發過願：「寧向西方一步死，不向東方一步生」，決定不回頭。那時他一路持誦《心經》，晚上人馬已無力而倒下，忽然一陣涼風吹來，精神頓時奮發，馬也振奮起來往前直奔，帶他到有水處而度過難關。

玄奘大師回到中國後，根據鳩摩羅什大師的版本再作翻譯，內容更為簡略，現今都採用玄奘大師翻譯的《心經》。他、鳩摩羅什大師和義淨大師翻譯的屬於略本，三人都是出名的翻譯家，廣本的反而不出名。但若作研究，可加以對照，便可看出時代不同，翻譯方法也不同；甚至依據的版本，思想上及時間上也有所不同等。

譯者簡介——玄奘大師

玄奘大師（六〇二？～六六四）。玄奘大師的出生年代有三、四種說法，仍有待考據，大致來說，享年約六十餘歲。玄奘大師俗姓陳，很小就出家，非常聰明，年輕時代就讀遍當時在佛教界所能看到的經典，能和許多論師討論很深的義理。可是他發現到許多論典裡面似乎還有未講清楚的內容；而且當時他興趣唯識學說，聽說唯識學的根本論典《瑜伽師地論》，中國沒有譯本，要學必須到印度去，他便發願前往。

他要去印度時，正是隋唐更迭的時代，局勢還是很亂，朝廷不准人民離城、出國。後因其住地糧食不夠，皇帝才允許出外尋糧，他便藉機出城。他曾上書請求皇帝允許，還召集了一群朋友同去，然皇帝不准，那些人就退心了。玄奘大師不死心，去時真是歷盡千辛萬苦。

根據學者考據，發現玄奘大師真是了不起，不只是學識上的體悟，還被認為是自古以來最偉大的旅行家。因為他爬喜馬拉雅山時，不僅全無現代的設備和工具，好多時候還是獨自一個人，比如越過沙漠時就是如此。他原有個胡人隨從，因吃不了苦而離開，臨走前還想將玄奘大師殺死。所以，他一路歷盡千辛萬苦。即使我們用現代的設備走他走過的路，都不容易突破這重重難關。

玄奘大師也是個語言天才，在印度學會好幾種語文和方言，所以能四處參訪，和當地的人溝通而將珍貴的資料帶回來。他是到印度最高、最知名的學府——那爛陀大學（那爛陀寺）學習，它也是佛教第一所大學，建於約一千多年前。那爛陀寺在最鼎盛時候，約有一萬多名學生。玄奘大師去時，校長（住持）是戒賢大師，年紀相當大，身體不太好，患有風濕，非常痛苦，痛到想進入涅槃。據說他動這個念頭時，晚上就有菩薩對他說，東方有位僧人要來跟他學《瑜伽師地論》，所以應再住世間，等那人來。因此玄奘大師的來到，令戒賢大師非常歡喜。原本戒賢大師已二十多年未講《瑜伽師地論》，也特別為了玄奘大師再開講。

玄奘大師是位天才，只學習一段時間，便成為那爛陀大學最優秀的學生，常代表學校出去和人辯論。印度的辯論風氣一向很盛，若辯輸，整個宗派也就輸了。有一次，一個外道輸了要把頭斬給他，玄奘大師說佛教不殺生，如果真要付出代價，那就做他的侍從好了。

後來玄奘大師又遇另一外道，他不懂這外道的學說，要辯論就有問題。他發現那個侍從懂得，就要跟他學，但侍從不肯，因為大師是他的主人，不能當其老師。由於玄奘大師的再三要求，侍從只好不公開地在晚上時才和大師討論那名外道的學說。結果玄奘大師贏了這場辯論，便讓侍從恢復自由身，也算是回報。這種情形在佛教（或西方哲學界）裡常常有，就是互為師徒。其他學說就不能，老師永遠在上，徒弟若比老師好，就不能再當他的老師。佛教界互為師徒的現象，表示真正了解真理或佛法的人，都懷有謙虛的態度──任何方面比我好的人，就是我的老師。所以，我們所接觸的人都可成為善知識。

還有一年，印度的戒日王於曲女城舉行一場無遮大會。這是印度的國王很喜歡舉行的一種法會，即在幾天內作最大的布施，任何人如乞丐、婆羅門、剎帝利都可以接受布施，故叫無遮。大會中常有各種宗教節目和儀式，辯論會便是其一。當時玄奘大師是辯論會的論主，他提出一個論點，十八天來沒人敢上去辯論，而被大乘佛教的人稱為大乘天（Mahāyānadeva），小乘佛教的人則譽他為解脫天（Mokṣadeva）。結束後，玄奘大師被戒日王邀請坐到象背上遊街，讓人民瞻仰。

所以，玄奘大師在印度的聲譽極高，相對地也提高了中國的聲譽，因為當時中印也有交通。後來唐朝政治穩定了，玄奘大師便回國，於印度前後大概停留十七年。

玄奘大師在印度用梵文寫了幾部論典，但都沒傳回中國。他也曾把《老子》譯成梵文。玄奘大師很了不起，除了和老師學習，還四處參學，學習《順正理論》、《顯揚論》、因明學、聲明學、《集量論》、《中論》、《百論》等論典。他回到中國時，帶回了大量的經論，當時長安的人民歡迎他時，將整條街擠得滿滿的，使得他從城門走到皇宮花上好幾個小時。

他一回國，便馬上著手翻譯所帶回的經論，每天都安排有固定的進度。當時的皇帝唐太宗對他很尊崇，經常找他談論佛理，有時一談就好幾個小時；結束後，他一定要將固定的分量譯完才去休息，第二天一早又繼續，這種精神很不簡單，是個意志力非常堅強的人。唐太宗多次請他當大官協助治理國家，他都予以婉拒。

又現在研究印度古代史的學者專家，都會參考玄奘大師的資料。因為印度人不注重歷史，他們那些論師和翻譯師能有歷史的考據，多數是來自中國的資料。這是因為中國人較實際，而印度人較會幻想，所以一個注重歷史、一個注重宗教，這是民族性不同。

玄奘大師所翻譯的經典，共有七十五部，一千三百三十五卷，可說是中國翻譯史上譯著最多者。其中，最重要的當然是《瑜伽師地論》一百卷，是唯識學的根本論典。還有《發智論》、《俱舍論》、《觀所緣緣論》、《大毘婆沙論》二百卷（這些是說一切有部的論），《大般若經》（六百卷），《辯中邊論》、《唯識論》（這些屬唯識學）等，多是大部頭的經論。後來他又揉合印度唯識學十家的註釋譯成《成唯識論》，這是非常重要的事，它使中國成立了唯識宗，由其弟子窺基大師弘揚。

從學問上看，玄奘大師得力於戒賢論師，所傳也以唯識宗和說一切有部的經典為多。但他主張會通空有，所以不僅有屬有宗的唯識宗經論，也有屬空宗思想的《大般若經》，並不拘守一派。在翻譯時間方面，他同鳩摩羅什大師一樣，因為早逝，翻譯的時間都不是很長，但是他們所翻譯的經典算是很多。因此，如果他們能多活幾年，一定還可翻譯更多，因為他們可以說是以全部精神投入下去的。

後來玄奘大師在翻譯《大寶積經》沒多久，知道自己不行了，便停止翻譯，開始修行，發願往生彌勒淨土，約兩、三個月後就圓寂了。

學唯識宗《瑜伽師地論》者，多發願往生彌勒菩薩淨土。彌勒菩薩有兩位，一位是傳說著作《瑜伽師地論》的論師；另一位是宗教性的說法，就是兜率天內院的那位菩薩，也就是當來下生的彌勒佛。兜率天有內、外兩院，外院為天人住的，內院則是那些將要成佛的人所住，並為他的弟子說法，故叫兜率淨土。所以，唯識宗的人都喜歡往生兜率淨土。

在佛教中講，我們人間叫欲界。人間還可看到動物（畜牲道）和鬼道，地獄道是受苦眾生的地方。另外就是天道，天道最低層是欲界的六個天。第一是四天王天，是四大天王住的；第二是忉利天，也叫三十三天，即四方各八天，中間一個天王。天王是帝釋天或叫釋提桓因，也就是中國人觀念中的玉皇大帝。再上去，是夜摩天、兜率天、自在天和他化自在天。用現代（天文學）的眼光來看，這一層層天就是一個個的星球。佛教的觀念是廣大的，宇宙是無限的。古代的人往上面看才是天。

玄奘大師也想往生兜率淨土，親近彌勒菩薩，但因為他只修行近三個月而已，所以有弟子問他是否有把握？他說：「有把握！」就圓寂了。我們修行那麼久都沒有把握，可見其修行之深。玄奘大師圓寂後，長安及各州前來為他送殯的人龍有好幾百里長，達百餘萬人，還有幾萬人在他的墳墓旁守夜好幾個晚上，皇帝駕崩都沒這樣的場面。甚至當時的皇帝唐高宗知道後哀慟不已，還罷朝三天，嘆說：「朕失國寶矣！」

在中國，佛教有這種殊榮的很少。這是由於玄奘大師有這樣的分量及修養，受到人們的尊敬是很自然的。

經文解釋

空有、事理、完整觀察

這部《心經》，是玄奘大師眾多譯經中最小的一部。我不依照經文來講，為什麼呢？因為很多初學佛法的同學，對許多觀念和名相都不清楚，所以我先講解名相。

很多人在談「空」時，最容易誤解的就是將空當作沒有、空無或空洞，其實不是這意思。要了解空之前，先要建立「有」的觀念，也就是要先對世間上的種種現象，及我們生命的現象有所了解，你才能依之而了解它的本質、本性。用此方法，也能夠了解到它的事相。事相就是我們所見到的，本性是屬於理性上的，這樣才能使得理性和事相融會起來。因為很多人學佛時，不是偏重事相，就是偏重理性。偏重事相就會變的保守，佛陀說一他不敢說二，而受文字的局限綁死；偏重於理性則常會陷入空想，因為理論可以自由發揮，只要在腦中想得到就可。落在兩邊都不對，都會有偏差。所以，須從事相上認清世間的實在情形和生命的實際情況，之後再透視而進入到事相的本性與本質，這才算稍微掌握到佛法，我們用這兩個不同的角度就能看得清楚。

我們看東西常常只看到一面，雖然有時也會看到真理，但只是很小部分。比如從一個管子看到的事物只是一小部分，但我們卻認為自己所見到的就是真理了。結果互不贊同彼此的意見，就爭得面紅耳赤，甚至拚得你死我活，不服對方。佛陀告訴我們要完整地看，彼此有不同處或問題，就要快點跑到對方的角度看；你的對，也要跑來我的角度看，發現我的也對，就完整了。否則你說你絕對對，我也說我絕對對，絕對對的結果，絕對就變成相對了。

舉個比喻：如果我們要同時看到球的每一個面向，可以放幾面鏡子。佛法就如同鏡子，通過佛法，我們有好多角度看到真理（球），因為它可以站在對方的立場、角度去看。所以，佛教能夠很容易接納別人的理論。除非對方完全錯誤，如佛陀也會和外道辯論，那是因為外道完全錯誤。

一般只要對方能見到一部分，佛陀都不會抹煞它，甚至覺得他講得好。實際上能留存這世間的宗教，都是見到真理的，問題只在見到多少？就好像讀書，小學、中學和大學，其程度的深淺與見識的廣狹就有不同，同樣的課題，小學要用小學的教法，中、大學也各有其教法。因此，真正看到真理的人，不會和人爭吵。他知別人所不知，別人卻不知他所知，比如小學生看大學的書就不懂，大學生看小學的書就懂。實際上能夠完整看到真理的人，會發現很多角度都可見到真理，只要懂得觀察。

所以，佛教並不強迫人家接受，只是介紹而任其選擇。如果認為這真理太好了，好到沒有辦法接受也沒關係，就如有很多人講博士班很好，但沒法去讀也不能勉強，佛教就是這樣的態度。

佛教也因為見到的是完整的真理，故其涵容性與適應性大，就形成很多東西都加入佛教的內容。因此，佛教高深時可提昇到最高的哲學境界，一拉至最低時則成民間最低俗的信仰。因為佛教的伸縮性太大了，其形象有時便很不容易掌握。知識分子也知道佛教很了不起，但不知道從何學起？另有些人看佛教，覺得是迷信的宗教，因為佛教的涵蓋面太廣。能有這麼大的涵蓋面，也因為佛教有足夠大的空間，有這個「空」，才能涵容一切。所有的宗教都談「有」，有就有限，空才是無限。但人都喜歡有、喜歡有限，故不能把胸懷放大。

所以學習佛法時，在探討理論的過程中，應有不要馬上就下定論的態度；能用不同的角度去看，所看到的面向就廣。同時也要知道別人提出其理論的理由是什麼？往往人就是很固執，以為自己的就對，許多宗教戰爭的起因就是如此。不僅宗教間常有戰爭，甚至同樣的宗教也會打得天翻地覆（佛教例外）。有個笑話說，有兩個人都認為自己的上帝比對方的上帝好，結果就打了起來。兩人死後升到天堂時，才發現彼此所信仰的上帝是同一個。

我們就是蒙著眼睛，用網限制了視線，執著自己看到的是真實的，別人非贊同不可，否則便是敵人。雖不是戰場上的敵人，也是思想上的敵人，因為思想不一樣，上帝便不一樣。所以，可以愛戰場上的敵人而寬恕他，卻不能愛宗教上的敵人，非逼死對方不可。這就是狹窄、無容忍的心量、固定一個角度看東西，佛教就是要糾正這種錯誤的態度，而利用般若智慧就能做到。通過不同角度去看、去分析種種事相，我們看到的才會是完整的。因此，佛陀告訴弟子聽聞以後要思惟，對世俗事物及佛法也要如此，這是屬於方法、態度方面的。

因為多方面、多角度的思考，我們看到的佛教博大精深。

蘊處界

再來講五蘊及蘊處界，它是解釋世間的現象。

佛經裡面有時將蘊處界譯成「陰入界」，蘊同陰，處為入，界照舊。《心經》中說：「色不異空，空不異色；色即是空，空即是色；受、想、行、識，亦復如是。」色、受、想、行、識就是五蘊；眼、耳、鼻、舌、身、意（六根）及色、聲、香、味、觸、法（六境）叫十二處。十二處再加眼、耳、鼻、舌、身、意六識，便成十八界。在《心經》中則用簡略的方法，如「無眼界，乃至無意識界」。

這蘊處界在《心經》中，都被「無」字否定掉，這是所有《般若經》的特色。然而我們要知道所否定的是什麼，不然就像有個小和尚念《心經》，見「無眼、耳、鼻、舌、身、意」就去找師父，問是何意？他指著眼、耳、鼻等說：「這是什麼，為何經典說無？」這就是不了解。先了解蘊處界，對世間種種現象就能夠有個概念式的認識。

蘊處界是個很廣的題目，單是五蘊就可用整個課程來講。尤其五蘊中的行，光講五十一心所法就夠多了。所以，佛教講心理很透澈，任何起心動念，佛陀了如指掌，這是透過內心去講。在佛教，分析心理的很多都是禪師，或叫瑜伽師。瑜伽師的層次就叫瑜伽師地，他們修瑜伽，就是禪定的工夫，對心理作用作種種分析。在部派佛教的論典中即有這些分析，大乘佛教的唯識學派更是佛教心理學的完整體系。

現在的心理學終於承認有個潛意識，可是佛教在二千多年前就知道，甚至還說到第七、第八識乃至第九識。這些我們不去深入探討，現在重點先在名相的解釋，然後才進入其概念。名相中要講的是十二處、十八界、十二緣起（十二因緣）、四聖諦及菩薩、涅槃等，先把名相弄清楚，再將經典所說的概念凸顯出來，這才不會落入頑空——「頑皮」的空，也就不會出問題。

接下來看看佛法所講的三科——蘊處界，這是世間的情形和現象。

世間的現象——有情與無情

佛法將世間分成有情世間及無情世間，這跟我們所想像的有情、無情不一樣，在佛教裡沒有「無情的人」。佛法所分的也跟現在自然科學不一樣，當然可以說：有生命的就是有情，無生命的則是無情。有情是有情識的，不只是這個東西有生長的現象而已，它還含有感情。所謂情是衝動性的，或能發表個己的看法、思想，或表露情緒，這都叫有情。無情則相反，就是沒有情識的。有情與無情、有生命與無生命，便畫了個界限，但此界線從佛法的眼光看，也不完全絕對。甚至自然科學談有無生命之分時，有一些比較容易分別的，但也有一些很接近界線的，就很難去歸類。比如自然科學裡，有時候有些生物也不知該歸類在動物或植物？

在佛教的有情無情裡，有一種剛好夾在中間，你說它無情，好像又有情；你歸它有情，它又無所謂的情，這就是植物。一般人都把植物歸無情，但現在也有說是有情了。有些愛花者，會開音樂給植物聽，還講充滿熱情的話，這花就開得更美；甚至在一些果園，還常播放優美的音樂，果然長得比以前好，收成也好。這是有情？無情呢？說它有情對它好，頂多成長好一點，但它也不會說愛你。至少動物會如此，有的兇猛動物，如果你對牠好，牠也會對你好。像一些人除了喜歡把狗貓當寵物，有的甚至把老虎和獅子都當寵物的。曾有一個表演者出外演出，家裡的老虎竟無心吃東西，工人即撥電話給主人，主人便用電話和老虎講話，當電話傳出主人的聲音，幾隻老虎就歡喜地吃了。所以，動物會表達其情緒，植物就不會這樣，如果真會表示，我想大家都會怕。

中國人在這方面的幻想非常豐富，所以每種植物都有神，而百花之仙都是很美麗的少女。這都是通過想像，把花和植物擬人化了。近代有個小說家兼植物學家，寫了一本帶有科幻味道的小說，他發現植物有感情，而且對他很好。可見，在衡量有情、無情時，有些也很難界定。

在佛教，一向把植物視為無情，但現在又有人說植物也是「生」的，因此碰到一個問題：吃素的人，吃蔬菜、水果算不算殺生呢？佛教把「生」分成兩種，植物只有生機、沒有生命，因為它無情識。

其實，佛陀也不允許弟子隨便砍花草樹木，這可從兩方面來講：一是佛陀在某種程度承認植物是有生的（有生機和生命）；第二是佛陀在自然生態方面很有遠見，因為我們生活在這世界，隨便毀壞周圍的植物，將會破壞整個自然生態。現在的森林，尤其很多熱帶森林，基於土地發展或樹桐（木材）的經濟價值而被毀掉，造成環境各方面如氣候的變化，這些變化都對人類不利。所以，現在自然學家等都提倡要保護自然，主要原因是自然和我們的關係太密切了。而且砍一棵樹容易，要種就難了。所謂破壞容易建設難，森林變成沙漠還不難，沙漠要變回綠洲就難了！

自然生態一旦被破壞，影響人類的生存一時看不出來，時間一長就明顯了。一個城市種很多樹，就會發現那邊的空氣清新，人們生活健康，空間污染也少。這都是我們要注意的。

因此，佛陀不允許砍伐草木，甚至在中國有些出家人不踏草地，他們的修行有了體驗就「不履生草」，這就是尊重生命。所以，佛教是把植物當作有生機的。有人說素食吃植物跟吃動物沒兩樣，這是有差別的。因為人要生活就要吃，而世界只有植物和動物可吃，兩種衡量輕重，動物就表現出比較強烈的感情，牠會痛、掙扎、嚎叫，產生瞋毒和恐懼的心，對於氣氛就起了影響。

在這地球上，如果每個人發出的腦波都是祥和的，世界一定和平，這就是佛教所謂的淨土。這世界叫作穢土，就因為我們所發出去的都是暴戾之氣，製造戰爭、殘暴的氣氛，而影響我們容易產生這種心態。不相信你可以到戰場去，心幾乎無法平靜下來，因為那邊所彌漫的氣氛，為了個人的生存，雙方都會不擇手段對付敵人，信任、祥和都沒有了。因為每個人的起心動念就是一股力量，所以佛教裡有說，如果要知道這世界為何這麼多刀兵劫，只要晚上或夜半到屠宰場，去聽那些聲音後就可以知道了。當我們能夠減少殺生，就是在製造祥和氣氛了。

因此衡量輕重後，我們就以植物為食。但如果到了淨土，連這些也不需要了，因為那時食物是自然而得，甚至根本不用吃東西，就靠精神力量維持。色界與無色界就已不需要飲食，進入禪定的人也一樣。

若如此，就不會破壞生態也不會製造殺生的氣氛。佛教對有情、無情的觀念是如此說明的，而未肯定的是植物。另外，科學也無法肯定一些微細的菌類是動物，還是植物？科學的分法是植物能夠自己製造食物而動物不能，那些小細菌就介於這兩者之間，難以界別。

我們這個世界，是有情與無情和合在一起，比如桌椅、工具、書本、山河大地等，都是無情。我們有情不能離無情而生存，故無情與有情有密切的關係。所以，佛陀告訴我們要尊重無情，不要以為地球上的能源等一切，破壞它沒關係，這無疑是在自掘墳墓。人類對於世間應有更深更廣的認識，不然將很快走向自我毀滅。

本來早期的原始佛教，認為有情才能成佛，後來真常唯心、法界圓覺學的思想出現，而有「情與無情，同圓種智」之說。智慧可分三種：一切智，是阿羅漢的智慧；道種智，是菩薩的智慧；而把一切智和道種智合起來，叫作一切種智，就是佛的智慧。也就是說，有情和無情都能成佛，這是天台宗的圓融思想。

為何說無情也能成佛？在佛教裡有個優美的故事。

在鳩摩羅什大師的弟子中，最重要的是僧肇和僧叡，他倆皆對「空」有深入的了解，常跟隨鳩摩羅什大師，其中僧肇更被譽為中國佛教的「解空第一」。另外還有道生，他是佛教中國化相當重要的人物，後來離開鳩摩羅什大師前往南方。當時佛教界認為一闡提的眾生不能成佛，因為一闡提斷了善根，而且是非常壞的眾生。可是道生根據佛陀成道時所說：一切眾生都有佛性、都能成佛，因此主張一闡提也能成佛。這一說法使他遭到圍攻，並被擯出僧團。之後他到深山，對著一些石頭講述一闡提也能成佛的道理，並問石頭他所說的是否契合佛理？聽說這些石頭竟點頭，這就是「頑石點頭」的典故。

頑石一點頭，道生就有了信心。後來《涅槃經》的下半部傳入中國，提到一闡提可以成佛，印證了他的說法，如他有先知先覺，大家又迎接他回來，後來在獅子座上入滅。他是一個眼光非常敏銳的人，對佛教有特殊的慧觀，也因此，無形中替佛教中國化開出了一條道路，就是真常唯心的道路。

可見，佛教對有情和無情的看法，雖有一種決定。但有時不以絕對的決定來決定，甚至當二者為一樣，都可以成佛。不過，根據原始佛教或中觀來說，無情是不能成佛的，但並不否定「無情能成佛」這句話，因為有情、無情在本質或本性上還是共通的。

佛性・法性

對有情來說，其本性稱為佛性；對無情來說，本性則稱為法性。其實，佛性和法性是一樣的。即人或動物等有情，能通過自己的思想、情感與意志而趣入法性，所以成佛就是圓滿地覺證到此法性或佛性。佛說過：見佛成佛就是見到法性，見到法性即表示見到緣起。所謂「見緣起即見法，見法即見佛」，得此境界，你內心所包含的境界哪一物不是佛？所以在佛的心目中，一切眾生都是佛，如此，一切無情又何嘗不是佛？

因為佛證到法性，見到緣起，眾生或有情是緣起和合而有的，無情也一樣。有情的本性是空，無情又何嘗不是？所以說，無情成佛沒錯。一旦你成佛，看一切都是佛，包括無情。這思想演變到後來，形成無情也能成佛。如果你沒有把握到其思想根源，就要誤會了。

不管有情、無情能不能成佛，在佛陀的教導裡，就是要我們尊重一切有情和無情。所以，佛陀不許我們破壞自然生態和一切；甚至祖師中，也不准我們隨便拿紙亂寫或隨便丟棄，其心就是要我們尊重文字和紙張，因為它們能表達感情、思想乃至聖道。因此，中國人的生活習慣之一就是節儉，我們都要用非常恭敬的心對待所用的東西，不浪費和破壞。

所以，佛陀的眼光不局限在一個群體或種族，而是超越一切種族；不是一個國家，而是一切國家；不單是地球，而是宇宙中無限空間的星球；不只是尊重有情的生存，也尊重無情的存在。這樣的眼光，才是一種宇宙觀，能心包太虛，如此還有什麼包含不進去的呢？

佛教講的有情、無情，只是世間的事相，但是在佛陀覺者的心中，沒有這些分別。有個出家人被盜賊搶劫，盜賊只用一根草把他綁著，他都不敢把草弄斷，尊重那根草的存在。

我們現在暫將無情放一邊而講有情，但實際上在講有情時，根本沒有脫離無情。我們活著也無一時離開無情，所以分開講不易，故又把它合回來講，因為佛教都是這樣的說法。

五蘊

首先看五蘊。蘊是積聚義，即同類積聚在一起，它可以分成色法與心法。有情與無情之分別就在於有沒有心法，有即有生命而叫有情，無則單有色法而稱無情。心法是精神或心理上的作用，色法則是物質上的。這種二分法是很科學化的，佛教在這方面有詳細的分析。

色法——地、水、火、風

色法又分四種——地、水、火、風，用現代名詞說明便是：地是固體，水是液體，火是溫度，風是氣體。這當然不是佛教發明的，印度早期就有，可見印度人的頭腦也很科學，比現代科學還加了溫度。所以，佛教講的色法比物質的範圍還廣，凡不屬心法的都歸納到色法，如電流的「能」等都可以歸入。

組成這個物質世界有四種性能，佛教稱為地、水、火、風「四大」。何以叫「大」？意思是說這世間一切，其性能或作用完全包括在這四種之內。我們所看到的東西，都是四大所造、四大結合而顯現出來。四大是四種性能，地大的性能是堅固，作用是任持，即保持東西的形態。雖說一切無常，都會變壞，但在某固定的時間中是保持其形態。水是溼性，作用是凝結或攝眾，要把一堆東西合在一起就用水。火是暖性，作用是熟變，要毀一物就用火，它有分解力量。風是動性，作用是流動。

所以，宇宙一切無非都是由四大所成，不過某一些性能比較明顯而已。比如桌子，許多人以為它是地大，其實它也是四大和合，而地大的成分較重。因地大，它就有一定的形狀，但它能凝合是因為有水大。桌子會變壞，便是火大作用，火大作用小就能保存久一點。至於風大，如用科學來講，就是裡面的原子都是在移動的。另外如水，是水大成分最重，故濕。如果把水放到某個容器，它會保持某種形態，如方或圓。而水面會有固定的水平，是地大作用。水會乾化或冷卻，是火大的作用。水會流動，則是風大之故。再說空氣，就是風大多，故會流動，而在被限制時，會有某種形態，空氣也有溫度，故四大都包含了。火亦依理類推。

可見佛教在解釋各物時的觀察力是何等敏銳，將性能作用分類、分析。而對各物現象的了解，也可多少體會佛教所講的緣起。東西的存在都是聚合各種條件，而不是單獨條件可以成就的。

色法在一般生活中很明顯可看到，身體便是四大和合的。但有些解釋時，說骨頭等是地大、血液等是水大、體溫是火大、呼吸是風大，這是一般性而較不完整的說法。前面說過，每一物都含有四大，只是某一大的作用比較明顯。

這個肉身因四大而成，故說四大皆空；本性是空，因為是緣起和合的。身體空，世界上又有哪一物不是空？所以四大本空。

再進一步講解「色」這名詞，因為這個字引起很多誤會。許多人一看到「色」或一聽到「色即是空」，就想到色字頭上一把刀（其實哪裡是刀？），實在錯得太離譜。如果所講的單是男女色，佛教便是個膚淺的宗教。

首先要知道，在研究佛法時，佛法用的名詞在不同處有不同的範圍或解釋。佛教也講男女色，但只是色法的一小部分，是屬色相或色欲。人類分成男女性，這男性與女性會顯現某種形態而產生誘惑吸引力，或給你一種反應和刺激而引發欲望。這便是男女之間的色相，這色法在佛教是最狹窄的。

色如指十二處的色塵（或叫色欲），就是指種種的形象和顏色，這是眼根所緣的境界，故有時也叫色境。更廣的是色蘊，非心法或精神作用的都是色蘊，不僅是以感覺器官所感受到的五塵——色、聲、香、味、觸，「能」（Energy），好像火、電流都屬色法，比現在科學所講的物質還廣。因此，佛教所講「色即是空」的色，不單是指男女的色。

另一方面，佛教相當強烈排拒男女色，因為對修行的影響太大，故要遠離。但如能提昇境界到觀色蘊是空，那其他兩種色已包括在這色蘊裡面。色蘊（或色法）的色有二義，第一是質礙義，第二是變壞義。凡有某種型態而能產生障礙作用和占領空間，同時也會變壞的就叫色法。試看哪一個東西不產生障礙，哪一種東西不變壞？從我們所看到的色塵，就容易知道它有質礙與變壞的作用。

說到聲塵，它也有障礙的作用。大聲就障礙小聲，而聲也會變壞。味覺也是，不信你吃一條小辣椒，什麼味道都嘗不出來；嗅了榴槤，其他水果也都沒香味了。觸也一樣，打了麻醉針就不痛了。所以，這些都包括在色蘊裡。

因此，色蘊、色法就是四大作用與性能，是無情世界和有情世界的一部分，因為有情是色心和合的生命，有心法情感活動則有情。總之，色蘊即心法以外的種種事物，而生命即由色心和合而成的。

如果單依原始佛教的觀點，心法是不能單獨存在，必須與色法和合才能活動。至後期，佛教出現唯心思想而說單有心法即可存在，這就發生思想上的辯論。在部派時代，有些部派認為無色界就是純粹心的一種境界，只有精神作用，無有色法。有些則說還是有色法，只是非常微細，而一般人、甚至阿羅漢都看不到，唯佛的天眼能見。所以，彼此就辯論是否一切眾生一定色心和合？

如果決定眾生都是色心和合，即可說佛教非唯心論也非唯物論，而是色心緣起論。色心的各種條件和合就成就一個生命，原始佛教的觀點就是這樣。問題是：有些色法是肉眼看不到的，比如風大是色法，但是肉眼卻看不到，故一些眾生雖看不到它，並不表示沒有色法，而是其色法和人眼所能接受到的光線反射不一樣。人眼受到影響和限制，如太近、太遠都看不到。因此，我們也不能像科學或唯物論一樣，認為凡是看不到的東西，即不接受其存在。有些看不到之物想否定而又無法否定它，就會發現理論上的矛盾。

就如有個學了西方科學歸來的學人，向老師得意地說其所學是最新的知識，此科學是要經試驗及看到才承認它的存在。老師就說他沒有祖先，因為他也沒見過祖先啊！那人聽了，眼睜大大地講不出話。

人畢竟受到時間與空間的限制，過去的不能否認其存在，而未來的雖未見也可能存在。因此可知，不要下絕對性的結論。空間方面也一樣，我們現在在這裡也沒看到美國，但不能否認其存在。

所以，佛教在講有情生命時，知道人類有其局限性，故應將眼光拓大一些去接受所未見聞覺知的事實，從推理及他人的經驗上去了解其存在。

聲音有些也聽不到，比如聽說有一種對付昆蟲的高頻率音波就是。以前有部電影，用聲音來消滅蜂災，我們聽不到。而有些人會看到鬼，這也好，多看一類眾生就不怕了。鬼的色身和人類不一樣，以科學來說，就是反應出的光線，是人類眼睛不能看到的範圍。就如科幻小說講的隱身人是穿鑽石做的衣服，因為光線反射的角度傳達不進我們的眼睛，故看不見。因此，有時看些科幻小說也能突破腦思惟的界限。現在在黑暗中只要戴上紅外線的眼鏡，就可看到東西了。因此，有人說「黑夜」裡到底是沒有光線？還是看不到光線？否則為何說戴上有紅外線的眼鏡就看得見了？可能再過一百年，戴上某種眼鏡就可看到鬼了。

但是有些人可以看見，有些是因為眼睛結構不同，生下來就如此；有些則是通過修持，加強接收能力。因此，五種器官的限制可通過修持方法去突破。如果能突破時間、空間與能力的限制，我們就能廣泛地接觸更多東西。

佛陀時代還未有這些科學學理時，都把這些理論放在宗教理論內。所以，可以了解到古代的人很多都很有智慧，眼光看得遠，對世間的了解也非常進步、甚至超越很多時代。只是他們無法用像我們現在的語言、文字表達，而且當時可能比較宗教性，他們就用那種眼光來看。但以現代眼光來看，他們的說法很多都符合理論。

心法——能識、所識

再說心法，它分成兩個部分：受、想、行是一部分，識是另一部分，即分成能和所的作用。受、想、行是屬於精神上作用；識是精神的主體，一般是不能直接去了解到外境，它要通過心理作用，佛教叫心所法。識又叫心王，是了別作用。色法是我們要認證的對象，叫作「所」識，我們就以受、想、行去認識和了別外在或對象。而受、想、行本身又是被「識」所認識的對象，所以識就是能識。因此，受、想、行有兩個作用，對外來講是能識，對內來講是所識。對色法來講，心所法是能識；對心王（內）來講，受、想、行是所識。為心王所了別。所以，心法包含兩方面的作用，是精神認識的作用，也是精神的主體。

可見認識一樣東西非我們想像那樣簡單，它是一個非常複雜的過程，而又非常迅速的發生。從眼睛一張開，到接觸、到分別，內心所起的念頭，其產生的各種條件是非常複雜。佛教能以各種方法，非常清楚地去分析這複雜的過程。如果研究唯識學，會發覺認識每樣東西的過程是很巧妙而複雜。這是個很深刻的了解，是對生命深刻的了解，這也符合佛教中心思想——緣起法。任何理論的提出，都離不了緣起。

五蘊是簡化了的，只是三個心所法。其實行心所法裡所包含的範圍很廣，如以《百法明門論》來說，五十一心所法裡，只有受、想不包括在行裡。所以，思心所法（即行心所法）是最複雜的。若要深入了解就要研究它，才知道認識的過程。

受

「受」是領納的意思，在領納外境時有三種現象：一是順你的意的，即樂受；二是違背意願的，即苦受；三是不苦又不樂的，則是捨受。我們的某些器官是三種感受都有，有些則只有一種，這是唯識學的說法。唯識學認為在第七識和第八識只有捨受，因為是捨受，所以它們是無記性；有記即分苦樂，無記即不能葥別（分別）苦樂受。

但須知，《心經》出現時還沒有第七識、第八識，因它是初期大乘佛教的經典，而唯識學是中期大乘佛教時流行，才把第六意識分析成第七識和第八識。到唯心出現，又再加第九識，即如來藏識。本來意識已包含全部了，只是單用意識覺得很籠統，所以才分析下去。比如第七識（末那識）的作用是我執，第八識（阿賴耶識）的作用是含藏一切種子，第九識則是本來清淨的如來藏心。多分的這幾識，主要都是在說明精神主體的作用。

我們之所以用唯識學，而不用《心經》時代的學說，是因我們對某些理論有所誤解。如在中國佛教流傳中，有人死後八小時不能觸動身體，否則往生者會痛的說法。但捐眼角膜，死後六小時內就須取出，如果八小時後才能動就失去作用了。因此要知道，人死後前六識完全停止作用，「如果」第七識、第八識還留在身體，它們是捨受無記性，就不可能有痛的感受了。所以，我們談心理學和六根六塵時要根據唯識學，它的說法比較正統。

我們感覺痛的是身識和意識，此前五識的身識與第六識溝通後產生作用才覺痛。當前五識的身識完全停止作用，第六識又沒有作用，就不可能痛了。所以，捐眼角膜時不要害怕，因死後沒什麼感受了，故應建立符合時代、契合真理的說法。不說別的，單是一個人已進入昏迷的狀態時也不感覺痛了，更何況死了呢？以前祖師提出痛，是有他的因素和因緣的。我個人的了解可能不很正確，但發現只有中國人有，只有中國佛教的淨土宗才有這種說法，其他經典和佛教宗派都沒講到這一點。

因為淨土宗最普及民間，就與民間的風俗習慣結合。而中國人在親人死後，如果不在死者前哭一哭、抓一抓，會被說不孝。祖師認為這種心態不好，並無法挽回生命，對遺體也不恭敬。但當時和我們講大道理是聽不進去的，只好用方便的話嚇阻，所以勸說不要抓他，會痛，痛了生氣就會下地獄，這樣便會害怕而不敢動他了，因為我們總不希望所愛的人下地獄的。這就好像大人跟小孩子說：「你再哭，就叫警察來捉你」一樣。

那為何要八小時呢？因為八小時這段時間過後，人已冷靜下來，再抓也不好意思。一般人在親人剛往生時，情緒往往波動厲害，等過幾小時就會冷靜下來。這話只要祖師多講一次，就會有更多人知道，這樣的相互勸導就建立了這種說法。其實那是祖師們的一片婆心，要我們尊重遺體，讓我們節哀。結果一代傳一代便成了一個道理，但我們要知道這是有它的時代性或需要性才如此。

其他的佛教宗派都不講這些，否則斯里蘭卡也不會成為捐眼角膜最多的國家。斯里蘭卡佛教是赤銅鍱部（從分別說部分下），此部派不承認有中陰身，認為人在一死的剎那就去投胎了。因為業力不可思議，那種力量非常快就產生作用，因此不承認有中陰身，也不承認死後神識還留在身體，要拿什麼盡量拿，反正遺體都已成為廢物、無情了。所以，把還能用的眼角膜捐出，利益他人。佛陀行菩薩道，整個身體都捐出來，我們雖然做不到這種真正的菩薩行，至少死後留一些有用的東西或器官給活人用嘛！

如果自己做不到，又阻止別人做，打退人家的菩提心，不是更糟、更罪過？即使眼會痛、會墮地獄，也沒關係，行菩薩道的人什麼地方不可以去呢？好像有一位禪師，人們問他死後要到哪裡？他說到地獄去度眾生，那邊的眾生需要他，這才是菩薩。

其實死後身體不會痛受這個理論，是印順導師所講。因為要捐眼角膜必須打破這個問題的困擾，我就請教印老。可見他的思想慧解博大，也不受傳統或普遍的流言所影響，有自己獨特的見解，而且是根據經論，這才是正見。

由此可知，第七識、第八識屬於捨受，沒有苦樂。至於中陰身，不是人死後就叫中陰身。而是八識離身，還沒去投胎之間的生命型態才叫中陰身。但有些宗派，像剛才講的赤銅鍱部並不承認，而中國佛教多數承認。承認也沒有錯，因為有時所造的業不是很強烈，不會馬上產生作用使你投胎。那段時間就看哪方面的業較強，才引導投胎。

以中國佛教的說法，中陰身只有四十九天生命。所以，要做布施、超度等功德迴向給死者，要在四十九天之內做，如此為他做的善業才會增加他善的力量而往生善道。但不要以為超度一定會往生西方世界，因為往生西方不是靠外來的力量，而要靠自力。死後所能幫助的就是以他的名義替他做善事，迴向給他，增加他善的力量（業力）而往生善道，這機緣就比較濃厚點，力量也較強。超度最多幫助他到天堂，很難往生西方或解脫。

所以，我們盡心盡力去做，做後就安心，其餘就是他的問題了。從這可以了解到一切要自己去負責，現在不準備、不努力，想死後才讓人家幫忙念經做功德是不可靠的。

你約好某人替你死後誦經、念佛，讓你維持正念往生極樂，但你死時若他不在就糟了。為何不自己把這個工夫修好呢？何時何地碰到，就自己依正念而往生。

死後的事情，有些是宗教的體驗，有些是通過禪定了知，有些則是通過理論來印證。我們都沒經驗過，因此就某個程度上聽取各種看法而都有它合理處，就可以接受了。

想與行

受之後一般就會「想」，想是取像的意思，即對外在東西產生認識的作用。它是有相的成分，所以中國字的「想」很有意思，心上面有個相。在未感受之前先要接觸，這觸是屬於行的心所法。受、想、行是心所法最主要的作用，還有一個是觸，另一個是「作意」。觸了就有感受，然後產生想。比如碰撞到物體（觸），第一個反應是受，然後就會想：「這是什麼？」接著就會去造作，即行動，在心理上叫作「思」。這個「思」就是心上面一個田，因在造作時製造業力，就如在心田上播種子。如果還要分析，思心所法就可分成多種，有些是普遍的，有些是特殊情形的，有些是善，有些則是惡的。

種種這些複雜的心所法一生，認識作用和造作行為就生。比如這色身，突然感覺某部位會痛，即身根接觸外境而痛，此痛的感受是苦，因違反意願。此痛一來會反應，而想為何會痛？為了解決痛，可能用手抓或打下去，若剛好是蚊子就造了業，整個過程就有精神的了別。如果你對這隻蚊子起了瞋恚和傷害的心，就是造（惡）業；假如生憐憫心，就布施血給牠。同樣的一件事就有兩種心態：一是仇恨的，一是寬容大量的。但被蚊子叮咬，要不瞋且歡喜，大概也不容易做到。

又比如撿到錢，在想如何處理它時，可能會等，或拿去（以無名氏名義）布施，或投入樂捐箱將功德迴向失主；也可能因為不是自己的就不撿而走開。因此在想、在作掙扎時，就是行、就是思。假如受佛法熏陶，道德觀念很強，當然善心所法就生起，如不貪、不瞋、不癡等。所以，這就要看受佛法熏陶的程度，是善的還是惡的較強，而以善心所法還是煩惱（惡）心所法去處理。

因此，心識產生作用時，又細又快又複雜又奧妙。

識

第六意識有分別的作用，有不同的層次。有些比較粗、比較強烈，很浮，會馬上生起來，一下就感覺到；有些則較沉。後來，唯識學把更沉的分為第七識和第八識，其實它可以包含在整個精神的主體裡面，只是比較籠統。如現在心理學家也講到第六識，但發覺很多事物非第六識可以解釋，故再分析為潛意識，但它還是很籠統的概念。

佛教在一千多年前，無著和世親菩薩時，就把這籠統的概念分為第七識、第八識，將作用分析出來。他們對於這方面的了解是深刻的，和心理學家不同。這些禪師提出這些理論是通過往內心不斷地探討，了解心念起伏的作用，而現在的心理學家則是用外在的試驗才作出結論。而且佛教的重點不在講活動或作用，而是要建立道德觀念，故在思心所法裡，以善心所法和煩惱心所最重要，這兩者是道德觀念的基礎。所以，佛教的心理學即是道德的心理學，是了解其心理作用而非其活動而已；並了解善與惡的力量何在及如何處理它、怎樣發揮善，如何運用心的力量來壓伏惡等。因此，目標、宗旨與方法就有不同了。

所以從五蘊中，可看出一個生命及非有情（色）存在現象。若具五蘊便是有情，只有色法即是無情。故五蘊世間可包含有情和無情世間，但天台宗也有五蘊世間，並建立三種世間，即眾生世間、國土世間和五蘊世間。實際上，五蘊世間可包含前兩種，但建立它們即要強調五蘊世間的重要性。因此，佛陀除了探討生命現象，還建立了一種思想體系、一種道德觀念，而這也是宗教的目標。

從五蘊中，還可以了解處和界，它們和五蘊的作用與認識有極密切關係，只是說明上不同，但統合起來還是色法和心法。如對五蘊已有概念，對十二處與十八界便不難理解了。但要注意到，為何佛教在說明宇宙時要特別分成蘊、處、界三個呢？單講五蘊不是已把宇宙現象講出？其實它們的內容相同，只是站在不同角度來談。

五乘

讓我們先談談一個課程以外的問題，因為有很多人對佛教和其他宗教，在理解上常會碰到這個問題。

可以說在所有的宗教裡，能把各個宗教依層次排列清楚的只有佛教，大部分的宗教都局限在自家的範圍，而佛教可涵蓋其他宗教；也就是說，佛教的學說是完整的真理，只要實證它，一分一分的真理都包括在裡面；如局限在某一種宗教，則只能看到一分真理，其他的就看不到了。那麼，佛教依據什麼對一切學說或宗教做了層次上的分別？此分別的理論重點何在？這可從其分類法看到。

先說佛教的修行層次，它分成人乘、天乘、聲聞乘、緣覺乘、菩薩乘五個層次，叫作五乘共法。乘就是運載的工具——車乘，佛教運用它來比喻修行法要，並看這個「乘」（法門）能對人類產生怎樣的作用，來區別它的層次。比如常說的大乘、小乘，大乘便是大車，載人多；小乘就是小車，載人少。後來則歸納為五乘，從這五個層次，便可看出自己的修行層次在哪裡？

五乘含括一切修行，而五乘中，人乘是最基本的修行方法，是一切修行的基礎，故稱五乘共法。一切法都必先建立在五乘共法這個基礎上，而要學佛成佛，一定先要會做人；連人都做不好，休想生天或解脫。為何人是最基本的層次呢？因在佛法中說，眾生不只是人，還有阿修羅、地獄、餓鬼和畜生（後三者為三惡道，是造惡者去的地方）。除非是菩薩去三惡道度眾生，否則凡夫落到那邊已很苦了，又怎能修行呢？因此學佛的我們，最低目標也要得到人身，且永遠不要失掉，否則要修行就很難了。

人再上去就是天。實際上佛教不很注重天，因為去那邊只是享受福報；而要生到天堂，要有好的福報和相當的定力。在天堂這樣的好環境，就不懂得修行了，因此佛教有句話：「富貴學佛難」，因為感到一切都很好，落入享樂主義裡，就不願付出代價去修行。因修行需要磨練，就要對自己的肉體、內心作某種不同的調整和改變。往往我們的心很容易隨著欲望往下流，而鍛鍊卻需要往上，是逆水行舟。如處在安樂家庭裡，從小嬌生慣養，突然要把生活改變很難。生天堂就是這樣，以為一切都解決了，不需再作任何工夫，如此待福報享完，可能就往下墮落了。所以，佛教說生天不是長久計也非永生，它還是有限的。

天堂壽命雖比人長，但也還是有限，而這有限我們可能看不到。比如蚊子的壽命二十一天，對蚊子來講，生到人間就是永生了，因人的生命長到牠無法計算。天堂壽命對人來說，也是如此。再比如地球繞太陽一圈約三百六十五天，實際上這段時間不是一有太陽系就這樣，而是經過長時間慢慢地轉，才轉成這個時間。而很久以後的將來，地球轉太陽的時間或者會變得更長，也可能會變得更短。地球自轉一周二十四小時，這是現在的時間，在之前或將來是否永遠保持不變呢？其實，這些都一直在變化。所以，地球自轉一天或公轉一年都是地球人的計算。

再拿另一星球如最遠的冥王星，當地球公轉一圈，冥王星才繞了其軌道很短的距離；待其繞完一圈，地球已繞二百多圈，因此其一年便是我們的二百多年。所以，佛教對時間的算法不是我們所想像的，用一個星球來決定所有的時間。且要知道，眾生的壽命有長短，比如冥王星的人活二百歲，對我們來說就是永生。假如地球的原始人進入現今的文明要一萬年，冥王星的人不到一代便能到這個程度，而且更進步。

雖然我們是站在人的立場來處理事情，但了解了佛教對時空的說法，就要把眼光放大。這種星際無限，眾生可往生任何世界的觀念，除了佛教，其他宗教是沒有說到的。他們所了解的層次就是人、天、地獄三層次而已，無法打破局限，甚至以為這無限大的宇宙，只有地球有人類，且人類是所有之中靈性最高的。地球人的最後歸宿，不是天堂就是地獄這兩條路。但佛教說有很多路讓你選擇，而且全部都是自己做主決定的，沒有其他外來的力量主宰你的方向。

在佛教的層次中，人是最基礎的。在五乘共法中，它在最下面，卻不意味最淺，而是這個基礎的層次是最重要的地方。雖然生到天堂也不錯，至少沒墮落惡道，但佛教不重視它。佛教認為雖有上天堂的福報和修養，但也可以不要去而留在人間。佛教講人比天好，因人有比較多殊勝的能力，比如思考力和意志力很強，此二力是往上提昇的條件。在天上就比較弱，只因福報等都很好，不必思考太多，不必鍛鍊自己，故我們常落在這「陷阱」裡面。

三乘

再上就談到解脫部分，這是佛教最重要的部分。解脫有三條路，叫三乘共法，在五乘共法和大乘不共法之間。這三者最廣大、最高的是大乘不共法，涵蓋全部；最基本是人乘共法。如果要走向正軌的菩薩道，就要以人為基礎，然後直接實行菩薩道。如果認為不容易，可從人然後經聲聞、緣覺才修學菩薩道。不過從人直接行菩薩道，是正常的軌道。

那麼不同層次的人，對世間的觀念又是什麼？人天乘的是愛戀、貪戀這個世間，故稱戀世。因留戀世間，就對這世間和生活環境做很多改進，以符合他的生活條件而活得更快樂。聲聞和緣覺則看出世間的不究竟，雖然覺得人生很美好，但很短暫、無常，仍舊是苦的，再好的條件和生活環境不過只能享受幾十年，最後還是兩手空空走了。即使生到天堂活幾萬年，也是一樣。因為世間不究竟，所以要往上提昇，出離世間；要出離世間就要從苦、無常中解脫，所以要修行聲聞道。

佛教這種出離的思想非常濃厚，因此被認為是消極、出世的。實際上，佛教最高精神是在入世。雖然很多宗教講他們很入世，其實是戀世。因要入世，先要能出世；不能出世，便不能入世，永遠停留在「山下」，看不到山下的人需要何物？也看不出眾生的境界，就和他們混在一起生活，可能會做出一些突出的表現，但還是爬居的動物。因此，必須到「山上」去看看，便是出世了；或像大鵬鳥飛到天空來看此世界，才能看清楚其真相，然後再回到世間，這才叫入世。

所以，佛教講到最高的菩薩道時，才是真正入世，故有說以出世心做入世的工作，即做任何事，都會先想到眾生的利益。因自己已超脫、出世了，所以做任何事都不執著於功德利益。因此，要把戀世、出世、入世分清楚。

如拿世間學問放在這種種層次上思考，可發現最注重人間思想的，在哲學上就是儒家。儒家學說實際上就是道德的基礎，那麼天的思想就是一般的宗教，因其目的是生到天上。在中國也有聲聞和緣覺的思想，就是老莊思想，印度很多瑜伽師的境界也相等於聲聞和緣覺，因皆要求出世間，他們厭離世間而要超脫世間。

再說，菩薩道就是大乘不共法，是不共世間的法，只有佛法才有。如以一般教育來看，人乘就像初小，天乘像高小，都屬小學；聲聞乘和緣覺乘是中學，一個初中、一個高中；菩薩乘則是大學。這是佛教修行層次的分類，如能看出，就知道自己落在哪個層次，然後安定在那個層次上好好用功，並且知道還有哪些可以完成的。就如自己現在讀小學沒關係，它也是教育的一環，而且是重要的一環，沒有小學基礎想升上去是不容易的。因此，先把小學的課程完成，不要想太遠；待小學讀完升中學，中學讀完再升大學。但有些人讀完小學就認為夠了，這種人也不能勉強他，信仰亦然。如果認為你的宗教信仰停在那個階段就好，也沒人勉強你。你可能認為沒有能力再往上，也可能認為到那個程度就夠了。

所以佛法把層次分清楚，就是要我們認清自己的程度，衡量自己的力量。把範圍內的學好後，就會發現力量增加而再向上。

我們再回來講《心經》。

在《心經》裡面有談到上面的三乘，下面的人天乘就沒有談到，因《心經》是講般若，而般若已是出世間的智慧。因此，「般若」為何不翻成「智慧」，是因智慧是屬於世間和出世間兩個層次的。或有時用「慧」，慧在中文裡較偏於善，在唯識學中有個心所法叫作慧，它是種判斷力，但這種判斷力所依的思想若不正確，判斷即會不正確，即佛教所說的「邪慧」。用「智慧」或「慧」的字眼，閱者也許會誤解，故用般若，它的意義較深刻，可稱為出世間的智慧，那世間的智慧是什麼呢？梵文就叫「摩提」（mati）。《心經》都只談到三乘，沒談天和人，因天和人是沒有般若的，只有摩提（mati）罷了。要超越、要解脫，一定要有般若。所以《心經》才叫般若，其重點即在解脫。

十二處

現講十二處，即眼、耳、鼻、色、身、意六根，加上色、聲、香、味、觸、法六塵（或稱六境）。「處」是生長義，即能引生認識的作用。通過六根六塵，可以引發認識的作用。實際上，六根就是生理器官，六塵是生理器官所緣的對象，如眼根緣色塵，耳根緣聲塵，乃至意根緣法塵。在六根中只有意根屬於心法，餘屬色法；而在六塵中有五個半屬色法，因法塵裡面部分屬色法、部分屬心法。可知十二處較偏重色法的解釋，而五蘊則偏於心法的解釋，雖然同樣是說明世間的真相，卻有所偏重。五蘊中只有一個色法、四個心法，但十二處有十個半色法、一個半心法。

十二處在偏色法的解釋當中，又特別偏重人類以生理器官對世間的認識。前五根即五官。此根有兩類，我們所看到的如眼根，就叫浮塵根或扶塵根；而看不到的神經系統（也屬色法），稱淨色根或清淨根，此二根都屬色法。可知在說明時，它不只談外在器官的感覺，還談內部輸送的結構。此外，還說明這些作用要和意根配合。意根是整個認識的中樞，它相當於現在所講的腦部，即意識的神經系統或腦細胞一類的。然意根在佛教被歸納為心法，因它純粹是一種精神作用。

當眼根緣色塵時，它可生各種了別的作用。依唯識學，要了別色塵，需要經過很多複雜的作用和條件來配合。

根與境

再來分析根和境。我們在了別外境時，除了要通過某些器官，同時外在還要有認識的對象。比如聽課時，某些器官是不發生作用的，像現在沒有香味和味道，因此鼻子沒有了別香的作用，舌頭也一樣。聽課不斷發生作用的是眼、耳和身根。據了解，眼根在感官中作用最大，耳根第二，身根第三；鼻、舌發生作用的範圍較狹窄。在每天的生活當中，眼、耳、身三根都不斷發生作用，鼻、舌二根的作用只在某種情況或某段時間下才有。

此外要了解的是，身根有兩種，一種只是感覺的作用，一種是將前幾根組合起來，故身根也等於所有感覺器官的綜合體。因眼、耳、鼻、舌都在身根上，故身根是整個色身。但在了別作用時，它和前四根的了別作用不同。因身根要觸到觸塵，否則不會感覺到。我們每天都在接觸東西，至少會接觸空氣，空氣的冷熱會影響我們的情緒。睡眠也是在接觸，不過睡時身根停止作用，因此常接觸卻不知道。所以人死後，這些全都停止作用而沒有感覺了。

現談談前五根，它們對外境的了別作用有個別的範圍。我們不能用眼聽聲、用身看色塵等，故作用有分別、有限制。而起作用時，必須看這器官（根）敏銳否？比如看，如不敏銳而模糊，則須加上眼鏡；耳朵不靈敏的話，就需要助聽器。所以諸根若受損，就可能會失去作用或其作用更受限制。如果要說明生理結構和作用就要分開來講，才講得清楚。

不過，菩薩在修行到圓滿的境界時，可以六根圓通，如觀世音菩薩即是。六根圓通的作用是能用耳見、用鼻聽，六根交互作用。有些人的手也極敏感，即使雙眼蒙起，仍知所摸之物，亦知顏色。這雖不是六根圓通，至少顯示身根有異常的觸覺作用。

再說，我們這個世界的佛陀是說「法」，另一個世界的佛陀卻是散放香味，弟子們嗅到香味就了解佛法；我們是用耳朵聞法，他們則是用鼻子聞法，而鼻子較敏銳。不同的動物，也有不同敏銳的器官作用。比如人的器官較平均，有些動物的鼻子很敏銳，如除了狗，豬也是。像德國警察就是利用豬的嗅覺來捉毒販，因豬有時能嗅到狗嗅不到的毒品。可是一直以來，我們都把豬看成沒有用，只是懂得吃與睡的動物。又如老鷹的眼睛非常敏銳，幾千尺遠的兔子都能看到，而兔子的耳朵則很敏銳。

雖然人類的眼、耳跟動物比較是很差，但人類的眼睛有個長處就是看的範圍廣，雖然看不遠，但看到的形象，顏色都非常複雜。動物看到外景時，沒有人類所看到的那麼美麗，有些動物只能看一種或兩、三種顏色罷了。此外，單在人類當中，敏銳力也不同。比如眼睛失明的人，耳朵通常比較敏銳，甚至鼻子也訓練得很敏銳，有人走近他便知道是誰。從這可知，如果懂得運用方法加以訓練器官，使它發揮極大的功能，便可做到常人所不能的事。佛教所謂的天眼就是如此，它已超越人類共業的範圍，而我們的是肉眼。

所以，這些器官可以好好發揮。像靜坐坐得非常好時，身根會非常敏銳，比如我敲引磬，一般都是用耳朵聽到它的響聲，但工夫到了某階段、心相當集中時，你不是先聽到聲音，而是身體先感覺震動，才聽到聲音傳入耳朵，這就是身根敏銳。

再說意根，我們可以用現在的心理學來講。我常舉一個例子，我的統計數目不標準，聽說人類只運用到大腦的十分之一，若像愛因斯坦的人，大概用到十分之三。想像一下：如果我們能鍛鍊頭腦而運用到十分之五到十分之十，那會是怎樣的境界？這是可能的，只要運用正確的方法；一旦完全發揮，就是一種很高的知識或所謂的智慧了。可能腦的某部分，就是智慧發揮的部分，如果能使它發生作用就不得了。據說科學家和文學家所用的腦的部分都不同。如果一個人兩個部分都運用，他就是個科學家兼文學家了。所以運用這器官也有限制，但要懂得發揮它。

十八界

十八界是更詳細說明世間的情形。

在說六識時，六識都是心法，加上剛才的意根和法塵，就是七個半心法，因此在十八界中，有十一個半是色法。而這樣（十八界）的說明就比較平衡，不偏於色法或心法。

我們說眼根緣色塵，從這生理器官的作用再往內分析下去，就是心理了別的作用，而它也有範圍。比如眼根緣色塵時，其了別作用叫眼識，這是屬於心理了別。若把六根、六塵（境）、六識合起來，就叫作十八界。它調和前面偏重於心或色法的說明而平均分析。

根・境・識

我們在認識外境時，一定是根、境、識三者和合，這在心所法裡叫作「觸」。如眼根緣色塵（境）而生眼識，起了別作用，這三者和合時，對外境認識的作用就發生了。

所謂眼根壞了，有兩種情形：一是外在的器官壞掉，一是內在的視覺神經壞了。而眼根損壞時可以醫治，比如眼角膜壞了可以移植，便又可以看到東西，這也表示眼識還在。所以有時生理器官壞了，但了別作用並沒有完全消失而還存在，因它存在心法的作用裡面。這心法的作用要發生，必須藉器官才能產生；即眼識要依於眼根，才能往外觸境，而眼根要依眼識，才能發生認識作用。比如有些往生者的眼睛睜得很大，但看不到東西，身體也不會痛，就因前六識都停止了作用。因此，根、境、識三者要和合，才能起了別的作用。

不過，眼根壞了雖還有了別的作用潛伏在心識裡，但因無根門，沒門出去接觸外境。但若無外塵，只有根和識也沒用。就像剛才所舉的例子，聽課時，鼻和舌都沒生作用，因沒有香塵和味塵，故無從了別。我們的眼、耳和身根所緣的外塵很少中斷過，除非在睡覺時。在睡時，前五識停止作用，只有第六意識即獨頭意識在產生作用，即成為夢。若沒夢，就是意識也停止作用，故雖有外境，但無接觸。因此了別作用要有識，而識要依於根，向外則要有所緣的對象。所以，我們的認識除了要具備三種條件外，還要有意識，比如眼識要和意識溝通。另外，還有很多條件（緣）也要具備，比如看的作用，它需要空間，而太近、太遠都看不到；還要有光線等。

因此，我們一張開眼就能看到，感覺過程很簡單，但依佛法或心理學的分析，它並非想像中簡單，而必須具備一定的條件，才能見、聞、嗅、嘗、覺、知。可知，我們生活在世間上，和其他人、其他動物乃至整個有情、無情，都是息息相關的。當然在談這些時，重點是放在人，因佛法是為人而說的。其他眾生要研修佛法，缺乏思考力。人是通過對外的認識，再通過對佛法的了解，才能明了緣起法的成立；亦即從自己範圍以內的相關性再推延出去，就是社會間、國家間、地球人類間，乃至太陽系、銀河系、無限宇宙的相互關係中。所以，佛教緣起的道理，是說明一切存在的密切關係。

從這樣的立場，佛教就建立起其道德觀念，比如不殺、不盜、不邪婬、不妄語、不飲酒等。通過這種了解，就知道佛教為何要建立這個觀點。當然有些觀點是很理想的，是現實生活中所看不到的。在這理想範圍裡，可能我們的境界達不到那邊，就著眼到現實生活裡面來。在現實生活裡，一般人最後還是回歸到以個人為中心的生活。佛法要我們設法不因以個人為中心而損害別人，然後把小我慢慢打破，擴展到大我，甚至無我的境界。

但要無我，要先掌握「我」是什麼？所以，就從五蘊、十二處、十八界裡先掌握「假我」是什麼、生命到底是怎樣的，之後才有辦法打破它。否則整天講「我」、講「生命」、講「世間」，但它們是什麼都不知道、不了解，又怎樣「破我」和「出世間」呢？不能出世間，又怎能入世呢？

所以研究佛法時，會發現到佛教雖分成很多範圍、名相和學理，但如能把握到佛法的中心，就會發現道理與道理之間是相通的。雖然在不同角度看來好像矛盾，實際上是相通的。因此，研究佛法要從廣面接觸，好像鳥瞰，先把所有的佛法名相弄清楚，然後了解它們之間的關係，你就可以深入了。如有能力每個部分都深入最好，不然至少某一部分深入，其他部分有個廣度的認識。很多學佛的人就是缺少這種態度和了解，一開始就畫地自限，「我是淨土宗的」、「我是密宗的」，站在自宗門內，認為裡面的是全世界最好，外面的都不好，不是佛教的更不用講了；或覺得自己的宗派最有修行，別人用功修行都不是修行，把自己抬到很高，這不是正確的學習態度。

我只是大略地解釋這些教理和名相，如想深入探討，還可以有層次去了解，比如「根」、「塵」、「識」，每個都是廣大的學問。

十二緣起

接下來講十二緣起。從經文的結構裡，下來就是否定緣起。現在不談否定，我們先談十二緣起的內容，在經文中它非常簡單。因《心經》是「初期」大乘佛教的經典，故名相在經文中未加以解釋，甚至有些名相也沒完全寫出，比如在其他經典中講八正道時這樣寫：「正見乃至正定」，以「乃至」包之。因此，念這些經典時應先了解這些名相，但很多人連名相都不清楚。

一般人講十二因緣，往往都是直線的，當作一種很單純單元式的演進，可是用這樣簡單的方法並不能完全了解它實際的內容。事實上，應是畫成圓圈方能了解。

講到緣起，就含有因果的關係。緣起法中有句話：「此有故彼有，此生故彼生。」「此」的用法即因的意思，此因生起，果就生起。

時間與三世

十二因緣是通過時間來看生命的現象。我們對時間的了解是單元式的，即是說時間就是過去、現在和未來三種而已，忘了時間除了過、現、未之外，過去還有過去，過去還有它的現在和未來。已發生的稱過去，未發生的稱未來，在已發生和未發生的中間建立一個現在。這是時間的流轉相，也是一般人對時間的了解。可是佛教進一步說，過去有過去的過去、過去的現在和過去的未來。同樣的，現在有現在的過去、現在的現在和未來……。未來有未來的過去……，是多元的。

另一方面，時間在各星球都不一樣，地球的年計和冥王星的年計不同，彼一年地球就有二百多年。所以，不要把時間局限在一個單元式裡，這會使我們對事情的了解只從一個很單面的現象去了解它而已。

我們再從其他方面去看：昨天、今天、明天三段時間，昨天還有昨天（即前天）、昨天的現在（即昨天本身）、昨天有未來（即今天），「今天」和「明天」也依此類推。若再放大拉長，還有去年、今年、明年等。因此，過、現、未只是假設的時間流轉的一種流動現象，也是時間流變的一種假象。如不假設成如此，就無法了解和表明時間。我們假設成這樣，若又說明它是絕對如此，就又被時間綁死了。因此，要把時間觀念弄清楚，了解什麼是三世。

三世是三段時間，即過去、現在、未來。世的意思是時間（不只是指「生」，故非專指三世〔生〕，但可包含它），了解三世，便知三世因果是必然的現象。比如昨天的你，一定影響今天的你，今天的行為又影響明天，這就是三世因果。只不過時間可長可短，把時間拉長或縮短來看，它的影響作用又不一樣了，但這影響是必然的現象。

只要在生命的流轉中，或者從出世到死亡這段過程當中，過去一定影響現在，現在一定影響未來。你不可能突然冒出一個樣子，突然有和過去完全脫節的現象，未來也不可能和現在沒有關係。故可知因果是互相影響的，即一般常說的「互為因果」。在學佛過程中聽到的因果觀念都是很單純的，如做了某事會有某種結果的簡單公式，這也是單元式的，它雖沒錯，卻是很淺的因果觀。

我們要把因果觀當作一種循環現象，這樣的了解就較進步。因生果，果又成因而生果，因因果果，果果因因。比如你要參加一項佛學營前，必先造因，在講因時也包括緣，因緣就是條件。在時間流轉中，你申請、安排時間，準備費用，還要少病少惱，這些都是條件、都是因；都具備了，你報到時就是果。而在享用這果時，又不斷將果轉化為因。你回去後，必在生活、觀念上有所改變；或者聽後知道佛教竟是這樣，不要相信它；或者更積極為佛教服務等，都有不同的果；而這些又成為因延伸下去，所以很難斷定是因或是果。再如昨天是今天的因，今天又是明天之因……，這樣演變下去。

總之，時間是多次元的，因果之間是互相影響的，這樣就不會單面地去看因果，而不明瞭世間萬象。

空間

一般我們對空間的了解是三次元的，即所謂的「三度空間」。自愛因斯坦才把時間歸納到空間去，即一個空間的存在，必須配合時間；之後，人類才知道時空是分不開的。但對中國人來講，老早就懂了。中國人稱人類存在的環境為「世界」，世即時間、界是空間，早就把時空合在一起看；再如「宇宙」，宇是空間、宙是時間。對印度人來講，也是一樣。在印度哲學，尤其宗教哲學，所講的時間是無始無終，看到的空間是無邊無限的。這些都說明了東方人對時空的了解比西方人還清楚，不過我們是用哲學的理解，而不是科學方法來了解。

如果對時間沒有多次元的觀念，是很難了解的。百慕達三角洲的現象就是時空問題，每當有船隻去到那邊便消失了，怎麼會這樣呢？其實它仍在百慕達，只不過是在某一年份（如一九八三年）的百慕達三角洲，而我們在另一個年份（如一九八二年）去找它，當然找不到。雖然同樣的空間，但不同的時間（時間突變），所以看不到。我們一般的觀念是一個事物突然不見了，一定以為它到了另一個空間，而不會想到是否到了另一個時間（時間突變）？這些真的很難想像，因為我們對時間的了解只是單面，而且不容易把空間和時間的密切關係結合在一起。這雖屬科幻，但也有其學理根據；而當幻想實現時，便是事實。比如以前的人哪會想到能在天空飛呢？飛對古人來說，便是幻想。

然而時間和空間也是假相，是各種因緣的配合下才出現的。

其實，在佛經裡面常講到其他佛國的菩薩來到這裡，就是突破了時間和空間。比如他方的菩薩們看見佛陀一放光就會過來，雖然佛經形容兩地的距離遠到無法用數目計算，可是菩薩向那邊的佛陀告假來到時，這裡的佛陀都還未開始說法，可見速度之快。若不突破時空，怎能這麼快呢？就好像要到西方極樂世界，而彼世界離此有十萬億佛土，假如一個佛的教化區即一佛土，而我們把一個佛土當作一個太陽系，單是到另一個太陽系便不知有多遠，何況是十萬億個？這「億」在印度有三種，即萬萬、千萬和百萬，這裡就用「百萬」好了，十萬億便是十萬個百萬，這麼遠怎麼去呢？可是「一心不亂」就去了！

《阿彌陀經》中說「其人臨命終時，阿彌陀佛與諸聖眾現在其前，是人終時，心不顛倒，即得往生阿彌陀佛極樂國土」，這也是突破時空。所以，先了解佛教對時間和空間超越時代的看法，主要是讓我們知道「緣起」的現象，並不是我們想像的：這個樣子必然是因那個樣子。在這樣和那樣之間，它是有時間和空間的因素，而且時空都是多次元，從因到果亦是個複雜的過程，因此須先打破某些局限以更了解緣起。

現在來看十二緣起。

我們將十二緣起的關係畫成圓圈，就是不要讓過去、現在和未來的時間，成為直線的一種現象。了解十二緣起的其中一個方法，便是分成三世因果來了解，如無明和行是過去的因；識、名色、六入、觸和受是現在五果；愛、取、有是現在三因；生、老死則是未來二果。過去的因會影響現在的果，現在的因又會影響未來的果。假如用過去、現在、未來的方法，便不能將過、現、未畫成一個圓形。當畫成圓形時要記住，這圓形不是死板的。比如講到生和老死時，雖然是把它放在未來會發生，但實際上就是現在的識、名色和六入等。只因一般的了解是用直線，為了要把生、老死放下去，才畫成這樣。實際上，它不是這樣死板的東西，不要將它限在這死板框框裡。剛才我講的時間觀念，是讓你們先做好準備，以便在講解十二因緣時，能打破一些思想上的局限而真正了解它。

若畫直線，從無明到老死，就有開始和結尾，這不是佛教的時間觀。佛教的時間觀是無始無終的，一直向前推，沒有開始，向後推亦無終結。若畫成圈則可表達時間的無始無終，就像時鐘，哪一點是開始或結束呢？

這無始無終的時間觀，便是多次元的。現在把其中一段切下來講，像一天二十四小時，時鐘要走兩圈（二個十二小時）。一天裡，上班前是家庭工作的結束，下班後則是家庭工作的開始，一事畢即是另一事之始。這終與始是人類有限的思想立下的界限，只是為了更方便認識和處理事情。這在哲學、實相上是不能了解的，故唯有想成這世界有個開始、有個結束。所以就找第一因——是誰創造了這世界？世界是如何開始的？一直找，就很容易接受某些思想或宗教學說。「是上帝創造的」，假如再追下去，上帝創造之前呢？也有人問過，天和地也是上帝創造的，那天地未造之前，上帝從哪裡來？他住哪裡？

又有說：「信者升天，不信者下地獄」，那人便只有兩條路可走——上天則「永生」，而一下地獄即「永火」不能翻身了。是不是等上帝說「夠了」，才能停止地獄之苦？而在天堂的人都不全是好人，可能又做壞事怎麼辦？

所以世間是無始無終，且只需從一般學問就能明瞭，如數學中沒有最大和最小的數目，但人總會去設定最大與最小。就像小時候老師說一是最小、一〇〇是最大，等長大了，數目大小的概念便又延展。當然建立這種局限或觀念沒有錯，它是為了方便認識和了解，但不是真理。一個人的思惟突破了時空的局限，便會知道佛教的觀念才是真理，但有些人就沒辦法。就如看東西時，可能只看到平面，不能看到它的立體。所以，有些人對哲學或宇宙現象的認知都不是立體的，這雖沒錯，但不完整、不夠徹底。若自己不承認不夠徹底，又執著自己的不完整為絕對真理，非要他人完全接受不可，這種態度才是錯的。

一般人對宇宙人生的了解，不外平面、立體兩種。只見平面的只有二度空間，不能往深度或高度去看，我們當然不希望這樣。如能立體的了解，就可體會佛陀是如何講十二緣起。我們有時會發現佛書呆板地從無明講到老死，這並非真的有個始和終，而是在我們未了解流轉生死實相時，它先指出生死根本的原動力是無明，無明（癡）即是對世間實相的不了解及錯知，如世間是無常的反執為常，是無我的反執為我。因無明，所造的行為就不是依於真理，不符實相，造成一種力量使我們不斷輪迴及承受果報，故這是指原動力而非開始。

對於十二緣起，還須弄清它的關係，一般說無明緣行、行緣識……。其實無明在緣行時（即行是依於無明而有），無明的產生也和行有密切關係，因無明也要依於行，這是互為因果的關係。有了無明就有種種行動，而後產生了別作用，再來又有了名和色。

名指心法、色指色法，色心和合，生死就流動了。有了名色，就有六入（即內六處——眼、耳、鼻、舌、身、意六根），此六根是認識外在的對象。六根、六塵（六境）和六識，此根、境、識三和合就產生觸，有觸即有感「受」，有受便會起貪「愛」的心，貪愛則會去「取」，取後就「有」了生死輪迴的業。「有」之後便有生、老死，然後重複循環。

無明和愛是生死輪迴的根本力量。實際上，無明是跟其他行為結合的，而「行」裡含有貪愛。貪愛的現象作用在人很明顯，而這力量使人不斷地輪迴。以現代生活來看，昨天、今天和明天也是輪迴，過、現、未的因果作用不斷循環就叫輪迴。輪迴的果再造輪迴的因，如緣起法之「此有故彼有，此生故彼生」，循環不斷。無明緣行，行緣識，識緣名色……。

一旦看清輪迴真相，不要再流轉受苦，將輪迴之因滅則果滅。此滅故彼滅，所以無明滅則行滅，行滅則識滅……乃至生老死滅。在無明緣行，行緣識下去，就「純大苦聚」，也就是大苦聚合一起；若滅了，便「純大苦聚滅」。

無明滅則為明，不再愚癡，有了智慧（般若），便能看清世間現象。這緣起和合的東西都是假相，連無明本身也是假相，也是緣起的。無明（因）一滅，就停止輪迴。

獨覺的聖人（辟支佛），見葉飄下，悟世間無常，悟世間真相，轉成智慧。而無明的人，見葉落還不知是無常，見自己衰老還有強烈的我執而不想死、不承認，不敢面對世間真相，那當然輪迴了。因不知世間無常，不知一切存在必歸於滅，肉身會老、會滅，卻不願意讓它老、讓它滅，又沒法使自己看起來不老，所以就去化妝、美容等。不願接受這個事實，就顯示無明和貪愛。你強烈地執著年年都是十八歲，希望留住青春，到最後還是一坯黃土。有人說：「我不甘願」，在這不甘願的過程中而去追求不老與永生，便造了很多惡業，就是不願承認無常。

假如看透了，一旦放得下，便會發現煩惱減輕了。人之所以煩惱，就是不願接受事實，得不到痛苦，貪求之物不能長期在一起也痛苦。若能了知無常，有什麼捨不得的呢？要死了，就和這世界說再見囉！但是許多人很難做到，因煩惱習氣太重，無明力量太強，雖知無常，還希望改變，須知這無常是不能改變的，你去改變就是違背真理實相，違背了當然就苦。

會老、會死去接受它，苦惱就減少，死時還歡歡喜喜地去。因為在未了生死時，死就是生嘛！我們會生，也是無明和愛的力量。在死時，我們求繼續生存的意念很強，就隨業力再去攀住另一個個體，使生命延續下去，故再輪迴。若修到已看透世間和輪迴的現象而能完全放下，這生死的力量也就消失，因無明和貪愛的原動力滅了，就像總電源關了，所有的燈就熄了。

無明與貪愛雖分為二，只是說明上的方便，因無明是種潛伏性、很微細的力量，在內心不易發現。貪有兩種，表現出來而易見的貪是較熾烈、比較浮現的；而潛伏性的在死時就顯現，那時會有個頗強烈的意念，希望繼續生存下去，使得這貪戀的力量再製造生命體而輪迴。此二煩惱（原動力）是輪迴主力。開始先指出無明，有了生命現象後，貪更明顯表現，其實兩者是密切的，有無明者會貪，現貪者則有無明。

在說明輪迴的時候，有時重點在無明，有時在貪愛，這是因為對象不同。因為有的人貪愛心較強，就要告訴他這是輪迴因。無明者亦如是，若欲解脫，就要將無明打破，無明滅則般若生，觀照到實相，輪迴便止。無明滅後，生死問題即解決了，可是有些還會表現出某些習氣（慣性），一般是和愛的習氣接近，但真斷無明，貪愛沒得滋潤也終會枯萎。在佛教中有二解脫，一是慧解脫，一是俱解脫；慧解脫者斷無明，俱解脫者連貪愛習氣皆斷。所以，慧解脫者的人間（人類）性格或習氣較明顯，俱解脫者則不會如此。若禪定工夫深，連貪愛等習氣都能斷，便能俱解脫；禪定工夫不深，便只能慧解脫。

因此，中國的禪師多是慧解脫，因禪宗方法是引發智慧的，故有時對定的工夫不很強調，即使教你修定也是為了速得智慧；而得了智慧，禪定便不是最重要了。所以，中國禪師的生活習慣比印度俱解脫聖者跟一般人更接近。因俱解脫者較嚴肅，能遠離一般習氣；而慧解脫者較可愛，容易親近。

流轉與還滅

再來講十二緣起的流轉門與還滅門。

流轉門就是「此有故彼有，此生故彼生」，還滅門則是「此無故彼無，此滅故彼滅」。因此，流轉門是無明緣行，行緣識乃至老死；還滅門則是無明滅則行滅，行滅則識滅，乃至生老死滅。在了解十二緣起時，基本名相可以稍後再說。

因對世間的無明而發之於行動，產生了別作用，此了別作用實是生命輪迴的個體，因此個體故結合了色法而色心和合，便有了生命。具體來說，在人類生長過程中，父母的精卵結合時的肉體就是色法，而精神（生命）的作用（心）投入結合，就是生命的開始。生長後，漸漸形成六根而後接觸外境。六根又叫六入，六入有兩種說法，六根的浮塵根是外在的感官作用，淨色根是內在的神經系統。六入有時候是指內六處，即淨色根。另一說法是，還在胎內未往外接觸的六根叫六入。

六根往外接觸時，就不斷發生了別、認識的作用而不斷造業。觸和受是心所法，根、境、識三和合就是觸；有觸就會有受——苦、樂、捨（不苦不樂）三種感受；因受則生愛——不愛其實也是愛的一種。若無愛，怎會有不愛？如同沒愛過對方，怎會不愛（恨）他呢？故貪和瞋實是一體的兩面，都是站在自己的角度，因愛自己而恨別人，全部的出發點都因愛，有時也因愛別人而恨別人。

會產生愛就因為認不清實相，這是無明的作用；若認清一切皆緣起和合，還有什麼好愛好恨的呢？緣合則歡喜相聚，緣滅則歡喜分離，去接受另一段因緣，內心一直安住在很平靜的狀態。緣起緣滅都能看出其實相，還有什麼愛恨、捨不捨得的呢？這是種修養的提昇。

愛後就會取，取後就「有」（「有」了三界的業，故三界又稱三有）。取的反面就是捨，不取則不會有捨。不喜歡的要丟掉，這種心理也是從愛而生，此作用也會產生業，故「有」有了業，就會生，生了當然就往老死而去了。

佛陀在看十二緣起時有兩種角度，即順觀與逆觀。逆觀是先看到為何有老死？因有生；為何會生？因造業；為何造業？因為愛；為何愛？因有受，逆觀而上推到最後是因為無明。順觀是無明滅而行滅，行滅而識滅，乃至生老死滅，而整個輪迴圈滅的「還滅」。

十二緣起不能局限在平面或單元式的時間觀念去了解。有時因太多觀念要掌握，便會感到不容易，因我們向來都是無明的，要突破時空。因此，若你要讀《華嚴經》，必須突破時空，因為它講的宇宙，時間與時間、空間與空間，乃至時間和空間之間是互相交融，重重無盡，事事無礙。那是修養上的最高層次，達到此層次，看世間就會看得透澈，因是以多角度而立體的態度去了解。十二緣起不是單線、平面，亦不是公式化的，故佛在講緣起時告訴阿難：「甚深極甚深，難通達極難通達。」不要以為緣起只是此有故彼有、此無故彼無、此生故彼生、此滅故彼滅的簡單公式而已。

四聖諦

四諦法是佛陀說法中重要的一環，為根本教理。

從佛教教理的演變中，不論從哪個角度來看，都可用四聖諦的基礎來了解它。很多人說四聖諦是小乘教理，此話有商榷必要。因四聖諦是建立在緣起的道理，是整個佛法的基礎，故佛教的發展從原始佛教到大乘佛教都離不開四聖諦，只不過是對它認識的深淺或廣狹而已。

因果

佛教多講因果，但四聖諦是講果因，先談果後談因，它是兩重因果，苦集是世間因果，滅道是出世間因果。五乘共法建立在世間因果，三乘共法則建立在出世間因果，故大乘佛教其實就建立在四聖諦上。此外，從世出世間的因果就講到凡夫與聖人的境界。世間、出世間非兩件事，而看對事物是迷是悟？迷時即世間因果，悟時則為出世間因果。出世間亦是因果，因要證出世間果須有出世間因，沒有無因之果，果必由因生。能生果者才稱為因，對因來說叫果，對果來說是因。比如父子，對父來說是兒子，對兒來說是父，有父為因，兒（果）才會出現；而有兒（果）者，才可被稱為父（因）；有兒又有父，便是因也是果。所以，是因是果須和前後來談個中關係。而不能生果者就不被稱為因，因為它的「身分」還是果，未產生因的作用。就如沒有兒子者，是不可以稱為父的。

一般以為種子一定是因，其實它也是果樹的果，是因為它能生長果樹才叫因。所以，有因必有果。在承受果報時，就表示造過因。承受的果報如不轉成另一因，這果報在受用完後就會消失。

以上是順便談談因果的觀念，主要是要講四聖諦。

苦

四聖諦的苦是什麼？多少分類？所謂的苦苦，就是一般感受的苦。壞苦，是東西由好變壞，感受是無常的，消失了所以苦。還有行苦，所謂「行」，就是說這世間是無常的現象，遷流不息，這也是苦。這種苦，是要本身有很深刻的體驗才能了知。心念的無常速變，用工夫去觀察，便能體會到那種深細苦的味道，有種不自在的狀況。

佛陀在講苦時就是在談現實，世間的真相明明白白地告訴你，不誇張也不減輕。如果真去了解，這世間的確是苦的。一個在生活經驗裡愈能感受到苦的人，對世間的理解會愈深刻，若有緣接觸佛法時，他會覺得佛法對他很親切。我們看到很多文學作品寫到最後都很消極，因為無論如何地發揮，最後都會有無可奈何的心情：不斷奮鬥的結果，我又獲得了什麼呢？但在這苦澀之味中，這類文學家或小說家又不斷表現出生活的奮鬥性，雖然結尾是如此，奮鬥仍是必須的，這或許就是人在生活過程中必須面對的矛盾心態。就如我們往很遠的地方看去，會感覺只是這樣而已，故能將矛盾刻畫得很深刻的人，表示他本身在當中掙扎得相當強烈。而這只是世間的現象，還不是絕對的真理。

佛陀會出家，就是在尋找這個問題。首先他在農耕時看到的現象，就已激發他思惟眾生的問題。後來遊四城門看見老、病、死之苦及修道人之安詳解脫，從而啟發其出離心，去求解苦的真理。從這裡便可見一些哲學家或宗教家的胸懷，他們為眾生的問題不斷地去求知與探索。若真能深刻了解苦，便可減少很多無謂的爭端。不了解又不願意接受所面對的問題，只為了無意義或不可能達到的目的而表示抗衡的態度，就會不斷製造一些糾紛。

總之，佛陀在講苦時，不是用很膚淺的態度來看，但我們了解的卻不是很深刻。比如一般講生老病死苦，這當然是感受中最切身的苦，是色身的苦。還有求不得苦、愛別離與怨憎會苦等，這都是不能認清世間真相之故。所以，在和人接觸時便生染著的心理，內心的苦就生起了。而整個苦的根源就是五蘊熾盛苦，有苦是因為有五蘊根身，五蘊是生命型態的現象，它像一把火在燃燒，苦時身如火在燒，能明顯地感受到。而有些苦不然，有人說：「有苦說不出。」即是說能表達的苦，已經不是很深刻的苦。這些無法用語言說出的，多是內心的苦。外在的苦可忍，內心的苦就不能。這內心的苦，甚至有人感覺不出來，如果能，表示心有受過某種訓練或生活經驗讓他深刻體會到其苦。

苦是世間的真相，它和生命的關係非常密切。生命的現象是無常的，無常故苦。我們知道，五蘊是個結合體，即五種同類的作用聚合起來，也就是生命的型態。五蘊是無我的，能看出這點你就解脫了。若知四大本空，五蘊非有，是無我的，所有的苦就可以解決了。

五蘊中的識，初期只講到六識，到唯識時期才發展到八識。它是把第六識分得更細，而出現第七識、第八識。第七識的作用是執我，與第七識相應的有四種煩惱或四無記根，即是我愛、我見、我癡、我慢，所以產生強烈的我執。

第八識的作用是含藏，猶如倉庫收藏種子。第八識會變，收藏的種子是清淨的，它就清淨。所以，我們修行就是要把它轉成清淨，那麼就不會有煩惱和生死輪迴了。當然還有更深的，有興趣可以去參閱唯識學的書。

苦的因──無明與愛染

講到這裡，主要是說我們對世間的現象了解不透徹，變成強烈的執著。這是起於無明與愛染，它是一切苦的原因，是原動力。我們說「集」有招感的意思，苦則有「束縛」的意思。

愛染

我們最深細的愛，是自我愛。如我們愛一個人，都是站在自己的眼光，以自己為出發點。比如說夫妻有夫妻相（當然不是絕對），就是兩人看起來很像。因為常常在鏡中看自己，看久了，找對象時自然會找像自己的人。另一個情形是，有的人從小崇拜父親，所喜歡、選擇的對象便要像她父親；或戀母的人，所選的對象就要像他母親。

因此，選擇的對象是內心（自我愛）的一種反應。可能一時不易感覺，但慢慢地往內心注意就會發覺到了。而這自我愛其實是生死輪迴的根源，我們都不希望死了就告一段落，這是人的共欲。宗教的產生，共欲也是因素之一，若人死後就沒有了，人類的希望與價值又如何延續？所以，宗教的投生、輪迴、永生等思想便出現了。

自古以來，人類相信人死後還有另一種生命的存在，死只不過是生的另一種狀態罷了。因此，如華人死後要弄多少東西給他，西方人則相信可以上天堂、永生。又如埃及的法老建金字塔；秦始皇的思想近唯物論，也在地下建了很大的陵墓，造兵馬俑等。考古學家發現幾萬年前的人類墳墓中，有生活用具……，意思是死後在另一個世界生存。從這些陪葬物及人死為鬼的觀念，還有華人燒東西的風俗等，可以明顯看出我們強烈的自我愛，而引申出「後有愛」，希望生命能夠延續下去。

在自我愛的現象中，從思想上去看會發現到，這個世界上有很多人，想把自己的想法套在別人頭上。這就是把自我愛的執著發展到思想裡去，想用其思想來控制別人，以聽從於他。比如一些獨裁者就是如此，只有聽他的話，所謂「順我者昌，逆我者亡」。他說：「……我給你兩條路選擇，要上天堂還是下地獄……」、「要錢還是要命」，表面上你不能說他不夠民主，他已經給你選擇，只是顯現出強硬的態度。其實這哪裡是選擇？這是很明顯的自我愛。又如在印度的宗教裡，梵天的慢心很強，他說天地是他所創造的，這世界應歸於他，這慢心就是起於自我愛。

自我愛再發展下去，則成後有愛，對每個人來說，就是自己生命的延續。因為完全不知道死後的真相，對生命的延續沒十分把握，在強烈的希望下，就希望傳宗接代，讓自己的影子、肉體的一部分傳下去。譬如儒家，在講個人生命價值時，皆重視這一世，不講前世與後世。但我們不相信這些人真的能夠超脫，他們仍有很強烈的後有愛，故特別強調若無後代便是最大的不孝，因為必須把生命延續下去。而這非你個人生命的延續，而是另一個生命即你的後代的延續。

若從思想上看，儒家有很高的理想，認為一定要設法在現實生活中完成它；若無法，也要將其學說、思想傳下去，一代傳一代，故產生我們所見到的傳承。

世人都有愛染，我們就生活在這樣的情況下，這是我們內心的一種狀態——自體愛、境界愛及後有愛等。生命的出現與延續，我們的造作及世間種種現象；往內心看，其實就是如此，根源就在此愛染的作用。因此，當我們欲完成所應做的事，會盡量用各種方法來發揮它；遇到障礙就逐一衝破，正當的手段不能，就不妨用不正當的手段來達到目的。

所以，從內心引發的一種很深刻的愛，它會慢慢顯現出我們所看到的種種現象，這是從無明和愛去談（也就是集諦，即所有煩惱、不好的心理）。

無明

無明是種很深細的動力，有時在某種情形下很難給它一個價值的判斷。因無知不一定是錯的，但它會引發我們做出很多錯誤的事情。比如白癡，他本來沒有錯，可是往往他會因癡而做了很多錯事。這種無明的狀態，有時在佛經裡亦不會明顯地給它一種絕對價值的判斷。但若以整個生死來說，它還是不好的，因無知絕對不能解脫生死。

很多人對喝酒提出不少意見。飲酒本身非大罪過，但喝酒後鬧事就很麻煩。有些人說不會鬧事的，但能嗎？即使沒鬧事，那醜態也是夠難看的，如亂講話，或平時看不到的行為，那時全看到了。

這裡也順便講不飲酒戒。有人說他要應酬怎麼辦？其實這是藉口，自己要喝啦！朋友若因此不跟你交往，那些朋友不交也罷！這都是酒肉朋友。那談生意又怎麼辦？說喝酒才融洽、才能做生意，但喝茶、喝汽水不可嗎？所以往內心看，還是自己想喝為主因！如果堅持的話，反而會有意想不到的好處。朋友會有興趣到底是什麼力量使得一個人不喝酒，興趣一來，你就有辦法去度他。這也是一種善巧呢！若發心弘法，這也是一個好機會。

喝酒以後，它會麻醉神經對身體有害等是另一回事；它跟殺、盜等戒不同，酒本身非絕對錯，但會引發問題，就如無知不一定是錯。學佛的人要有清醒的頭腦，才能引發智慧，而酒會麻醉人。我們平常都不夠清醒了，有時還在做夢，有的大夢、有的小夢，有的還在大夢中做小夢。又加上藥物、酒來麻醉自己，如此，如何開發智慧呢？

我們修行，就是要保持明覺的心，而愚癡就是障礙。當然，在平常生活中它雖不完全是錯，但修行上會障礙你，故把它列為煩惱（漏）。

在修道上，說明很多不應該做的事，主要是做了以後會障礙我們，不管是損人、損己都是。佛教最高目標是解脫，故要清楚道上的路障，才知如何解決它。可是我們不但不知解決，還去加更多的路障，這些障礙都是從無明和愛引發出來的。無明的作用比較深細，愛的作用有些也是非常深的，如自我愛和後有愛不易被發現。我們所顯現那種強烈、染著的愛，觀察下去就如有個原動力。有愛就會招感種種的苦，如愛別離苦、求不得苦等，這些愛都可以感覺到。無愛則無苦，在精神上、在內心，對環境和社會的苦就解決了。

當能看出五蘊根身是個緣起和合的現象，是色法與心法和合，即所謂色心緣起。色法，四大的各種性能，及所造色，加上受、想、行、識的和合。識是精神主體，依它而發出精神的作用或心理的作用，結合起來而成一個生命的型態。若能透徹地看出生命是五蘊和合、十二處和合，或十八界和合的緣起和合現象，就不會執著了。

我

佛教講的「我」，有永恆性、不變性、獨存性，能自主宰他的性質與作用。我們強烈地執著這個生命體（我），以為它不會變，是獨立的、可以主宰的，可是會發現沒有這種現象。如能看出它非這麼一回事，所發生在我們身上的許多事就能清楚其真相，故說五蘊無我。能無我，對我的執著便會淡去，面對問題時，出發點就不會以我為中心，也就不會製造許多糾紛。

修無我觀者，可用解剖的方法，觀想把頭拿下來，剖開它，將指甲、頭髮、皮膚、六根、手腳、骨和五臟六腑一個個拆散開來。那時到底哪一個是我？頭髮是我嗎？手是我嗎？一個個地去解剖、分析下去，其實是無我、緣起和合的，可是我們就是有強烈的執著。

看出無我，它的作用是讓我們對身體有比較明確的認識，同時看出其緣起相。認清自己是個和合的生命體，只是現在存在，在面對問題、解決問題時，會採取更正確的態度。我們不是消極地認為，既然都無我了，還講什麼？這是偏差。

事與理

若只看到存在的事實，這並沒看到整個生命的實相；若只看到無我，則沒看到生存的事實，也沒看到生命的全面。所以，應同時看到兩面，一面是生存的事實，一面是存在的本性。我們應有一個觀念——理性和事相是生命的整體，偏於理或偏在事都是偏差。

很多學佛人對於事理的觀念常弄不清楚，有的人說無我，那什麼都完了，把無我當作事相看，不知無我是理性。事實上你還存在，這是事相。有的人則說我現在存在，我就要讓我存在，任何東西阻礙我存在，就不惜任何代價和它對抗。這是偏於事，心理的衝動非常強烈，因為無法看出我們存在的事實。存在需具備各種條件和社會的因素，也包括自己本身的因素。若沒有理性的說明，就看不清事相，精神境界也就提昇不起來了。

在理性方面，講到自己也講到社會。個人的生活、社會的存在和這個宇宙的存在，小至微塵，大至無限的宇宙，都依於一定的理則而出現。不了解者，就昧於事或昧於理，處理事情就不圓滿。我人學佛極易落入偏差，有的偏重於事，有的偏重於理。這在修行的過程中雖非很大的錯誤，甚至有時不完全是錯誤，錯在何處呢？偏廢！

偏重和偏廢不同。我們現在雖偏重於事相，如說現在偏重生存此事實，現在很多人要談這個問題，如社會問題，我們也就需要面對此問題，這是事相。但要從事相中看清楚它的理則所在。若偏重事相而需要一種爭取，那就要有個理則作基礎，這樣雖偏重事，但尚有個根據，故爭取還能站得住腳。

若只談事相而完全不談理則就是偏廢了，即只看到事相而沒了解整個來龍去脈。過程裡我們能發揮的力量是什麼？無理則作基礎，唯一的辦法就是對抗。因此偏廢就很麻煩，偏重雖有問題，但還沒那麼嚴重。看到無我，這是理則，看了以後還了解到緣起和合的現象或事相，則事理皆有。

偏重於理的人，比較注重精神上的不斷提昇；偏重於事的人，則依理論不斷做出各種事業來，都各有其表現，不過理想的是事理皆能融會貫通，但一般人皆未能做到。昧於事或理就是一種無明的狀況，故在修學上，理事應清楚。理和事的範圍是什麼？兩者如何融會？若能如此，便能解決很多問題。即使沒有解決，你會有更明確的態度去認識事物，知道怎樣處理它。比如談到環境與個人的問題，有時人被環境逼到根本連反抗的力量都沒有。若明瞭事理之間的關係就懂得去處理它，也就不會痛苦了。而且知道了，還會盡力去做應該做的事，而在盡力時又不染著它。

事理不清，種種現象就出現，故世間的因果就不斷在演變。世間流轉，我們也流轉。當我們看透時，就是提昇了，就是出世間的因果了。

欲

苦，是最強烈感受到的。現在每個人都在追求——追求不苦。苦的相對即是樂，我們都想離苦得樂，這並沒有錯。錯的是所追求的樂是對的，還是不對的？我們求佛道也是一種欲望。一般人認為有欲望是不好的，學佛要無欲望。那就飯不必吃？覺不必睡？當然不是此意。

一般說的欲都和貪愛或染愛結上關係，是使我們下墮的愛欲，這種欲當然是不好的。但不要忘記，欲也有正欲、正確的，比如追求學問。不過，在追求學問中當然也非絕對是正欲。要知道，追求學問也是一種欲望，你追求學問的目的是什麼？若是為了賺更多錢，這只是自利，這種欲不能馬上下善惡的判斷。若是為了充實自己，以便更好地為社會服務，那就是正欲。若只為了生活更快樂，那是為個人而非為社會。這種欲不一定是錯誤，但假如不惜犧牲他人的利益，只要自己得到快樂，甚至踏在別人的頭上去得到，這就是惡了。所以，判斷事情的善惡往往要衡量其動機。

如果你知道佛法、知道佛教，發現它對社會的安寧、人心的安定方面可發揮一定的功用，故有責任來發揚它。而為了發揚它，應深入地去了解佛理；再作佛法上的修養，使得力量更強、懂得更多，而能幫助更多的人。這樣你的念頭是往善的方面，是為大家謀福利。

宗教有凝聚信眾的力量，而此力量有時動用起來真的會嚇壞人，故很多政治家都怕宗教，因為其力量有時比政治更可怕。若你想借用宗教的力量來作社會的改革運動，而政府不聽你的話，你就推翻它而自己做王，這樣宗教只是為了滿足你個人野心與私利的工具。

另有些人以為在宗教上得些修持經驗、得到神通，很多人就會相信他。覺得現神通愈多、愈標新立異、愈神祕，人家就會愈怕他，就愈能控制別人，讓別人將財產都獻給他。所以，好和壞都存在於心念和動機上。

滅

在八正道中的正思惟，也叫作正欲，是指正確的向善力量。學佛要滅苦，也是正欲；而苦一滅，就是滅的境界。其實用滅字是很不得已的，我們發現原始佛教在講涅槃時常用的字都有否定的意義，主因是文字的表達能力到此已是極限了，因此只能用較接近的意思如「無」、「空」、「滅」等。但是到了大乘佛教就不講這些了，它講涅槃的境界是常、樂、我、淨，顯示出其積極的一面。有些人也因此而積極了，這都是文字的應用。比較不引起爭論的就是「淨」，它不屬於任何方面。有時就用「清涼」，因為苦像火，滅則清涼。但問你是否能把清涼的感覺再作詳說，便很難。比如大熱天，觀想一缸滿滿的水，很清涼；然後把一杯冰涼的檸檬水喝下去，再將頭浸到水缸去，頓時熱惱全消。那是什麼感覺？只能親身試試，因為這是直接的體驗，而且這種體驗是非常深切的。

因此在講滅時，只是用一個字眼來表達某個境界，比如果位的境界層次，這主要讓我們修道時有個目標。如證到阿羅漢者，還整天跟人講他是阿羅漢，就不是阿羅漢，因到此境界者，不會有「是阿羅漢」的感覺。所以，此滅只是放個目標，你進入那個境界時，會發現以任何名詞來套那個境界都是多餘的。那時，內心是無限充實的感覺，不管什麼東西都無須加以處理了。可是佛陀證到境界後，若不用語言、文字，就沒有辦法把所證的傳達出來。若佛陀每次說法都拿一朵蓮花和微笑，會很麻煩！而且又有多少人能明白？故佛教仍需語言去表達，並盡量用最接近的文字。有時用否定的詞句是因我們在這世間都是過於執取，為了破除執取心就用否定的字句。如《金剛經》常用「非」、「非相」、「無」等，般若系統的經典都是這樣。又如《心經》都是無、無、無的，但眼、耳、鼻等明明在卻還說無，這都是對治的方法，以對治強烈的執著。

很多禪師亦然，見人執著於佛像就破佛像，他破的非佛像而是那些人的執著，有時看到那些禪師運用的方法會嚇一跳。有一位禪師因天氣很冷，就拿了一尊木雕佛像來燒。寺主說怎麼可以燒佛？他答說：「我要燒出舍利子。」因佛有舍利子。「木頭雕的佛怎有舍利子？」「沒有舍利子，那就多拿幾尊來燒。」沒有舍利子就不是真佛，那個寺主一聽就開悟了。禪師破了寺主的執著，他是在適當情況的因緣下運用。沒有那樣的因緣、那樣的境界，我們都不能夠做，故我們需把理性與事相搞清楚。

有人說他心中有佛，這是理，非事。

可知佛教講境界時常用否定的句子，主要是因人心對世間現象，對這個「有」，有強烈的執著，故說「無」、說「空」。當然有些句子很接近實相，如「空」，可是對這字的誤解使我們不能真正了解到實相，反而遠離實相。因此，接下去會談到「空」，現在先說滅。

「滅」是所有的苦和煩惱都滅了，熱惱除而顯清涼。此境界叫「涅槃」，這是梵文「Nirvāṇa」的音譯。要滅苦就得認清苦的真相，而滅它的方法就全在「道諦」裡面。

八正道

佛教修行綱目最完整的就是八正道。很多人講八正道是小乘的修行，現在須把這觀念消除掉。實際上它是完整的修行，從培養正見開始，通過語言文字，別人的指導、生活的經驗而看出世間苦的實相、種種的現象；然後明白目標在哪裡，即是正思。由這兩個做為引導，接著正語、正業、正命。講正確、有益於眾生的話，是正語；應該做有益眾生而不做損害眾生的行為，即正業；正命是過正當的生活，不因生活的需要而去損害別人；然後正精進（正勤）、正念和正定。

能正念和正定時，就是有了正語、正業和正命的基礎。因為正語、正業、正命這三項是注重在行為上的表現、事相的行持，而事相的行持要有理論作先導，才能提昇它的境界，也就是要有正念——時時刻刻保持正念，把正見放在心裡憶念著它。如此做任何事時，都有正見引導正念；依正念才修正定，正定成就後所覺證的境界，就是正見的境界（智慧）。

開始的正見只是種學問或經驗，並非真正通過修行而得到的。要得到正見、般若的智慧，就要通過上述的程序。到了正定，正慧就會發起，即印證之前所見而還未經自己深刻體驗到的正見；經過行持而依正念、正定證得的，就是親身的體證了。比如跟你說苦，你知道、也可說得頭頭是道，但跟苦沒密切的關係。只有通過修行，才會很深切地感覺到果然是苦，這就是智慧。

你只知道佛說苦集滅道，或什麼三苦、四苦、八苦、五十苦、六十苦，那是不夠的。若不能引發為生活上的價值判斷力量，作用仍然是不大的。但在修行過程或生活經驗中遭受到的苦，那種苦才是真正的體會。你就會想辦法滅苦，那解脫的力量就可能生起。再如「五蘊無我」、「四大皆空」，你聽得很法喜，可是又怎樣？等到你真正去修持，深刻地體會五蘊無我時，那就不只是文字所表達的而已，而是一種更深刻的了解，就是智慧。你要如此經驗，就得通過正定的修持。

若要正念、正定，還要有正精進，故正精進特別安置在正念、正定之前。其實，正精進必須貫通其他七正道，但何以安置在那個位置？又六度中的精進度何以安置在禪定與智慧前面，而不放在布施前面？因這兩種修行更需精進的力量，否則難以成就。所以，要知道這些名相不是想像中可以調來調去。調來調去不一定是錯，可是重要性和意義就失去了。即知正精進貫串全部，何以不把它排在前面？你一開始正精進，怎樣去正精進？所以要先有某些基礎，然後到了後面那個部分，最需要時，把正精進提出來，就會感覺到那個力量，故可看到這些行持項目的安排都很有意思的。

再如從八正道引發的三十七道品，它先講四念處，然後四正勤、四神足、五根、五力、七菩提分、八正道，這也有意思的。因此，不同的排列，這些名詞或修行的項目有它不同的位置和重要性，修行要注意到這點。正精進就放在八正道和六度中適當的位置才凸顯出它的重要性，與其貫串性的意義。

三學

八正道歸納起來，就是戒、定、慧三學。修行就是修三學，三學都具備才叫完整的修行，否則會有偏差。修行怎樣都離不開戒、定、慧，八正道的正語、正業、正命屬戒學，正念、正定屬定學，正見、正思惟屬慧學。

但三學和八正道的排列法又有不同處，慧學在八正道中排前面，在三學中則排在後面，這是有其作用的。即是說，欲得智慧，要通過修行禪定；要禪定修得好，符合正定的標準，則須先持戒。這就有其系統，依八正道的次第，修行先要建立正見，即先要有眼目，才能看出要走的方向。雖然它們排列不一樣，但內容是一樣的，只是注重點不同。八正道重點在智慧的引導，然後持戒修定而由正定證慧；三學則直接告訴你先把戒持好，後修定，智慧才會顯發。

可知所謂「道」，基本上就是八正道，它可涵蓋三十七道品、戒定慧三學、信解行證、聞思修三慧、六度等。所以，只要能把握這些名相的中心點，佛教的修行方法是可貫通的，也都息息相關，只不過站在不同的角度來看或著重點不同，故運用的方法、表達的方式不一樣。

整個修道是個完整體系，這可從經或論看到。就整個經典來講，因佛說法時常常針對眾生所需而講，故無刻意的組織，是後來的論師把重要的理論組織成完整的（修行）體系，所以論典的體系較完整，其根本當然還是在三學。因此，修行時要時刻記住是否具備了三學？可能有的偏重，比如較偏慧學的探討。此慧分兩種，一是慧的探討，屬文字上的；一是慧的修證，屬觀照、體驗上的。有些注重禪定，有些則較偏戒的行持，但你在偏重時須記住，不要偏廢！我再強調這點。偏重是因個性的適應，有些人比較內向、木訥，持戒就很適合他。有些人則喜歡打坐；也有些人喜歡研究佛學，閱讀佛學論著三天三夜不睡覺都可以。重點都沒有錯，但不要持戒了，就不學定和慧；或是打坐的整天坐，以為持戒是小根機，自己是大根機；修慧的只看佛書，認為修行都是白費。即重點可在一，餘二要照顧。

若修戒，要不斷提昇自己的境界，比如為何要修戒、佛法有何更高智慧、通過什麼方法去得到等，修禪、修慧也是一樣。如有完整的修行，自修或教人時就不會出問題。

解行並重

修行是學佛中最重要的一環。理論講得再多，還是要去實踐。實踐前須有理論根據，當然無理論根據還是可做些修持，但境界提昇不起來。而光有理論沒實踐，根本不能體會到佛法和理論的真實。所以兩者關係極密切，甚至必須合起來說。

四悉檀

現在再講佛陀在度眾生時，所採用的教學方法——四悉檀。悉檀含有成就之意，即所運用的教理、學說或方法，其目的是要成就眾生的道業。了解這四種成就，會發現到佛陀說法的善巧，在何處、何時對何人說某種法是有原因的。還有，佛經不同時間的出現是有其不同適應的。眾生在接觸到經典時又怎樣？經典結集了，又應以怎樣的態度來了解它？古代的人就是利用這種判教的方法，現代的人也可以如此，但所運用的是歷史考據的眼光或思想發展的現象來了解。若站在哲學或宗教的立場，可以說佛陀在講經說法時，是依於某種適應性而說。此適應性共有四種，這是歷代祖師對佛經作判攝的一種了解，以此四悉檀來了解佛經。通過四悉檀，可以看出佛陀講這些經典的動機或宗旨是什麼。

契機契理

這四種悉檀包含了契機與契理兩方面，而以契理為中心，上契諸佛之理，下契眾生之根機，此理（真理）是普遍、永恆和必然存在的法則。佛陀說法依於真理而說，但遇到不同根機的眾生，發現不能用一成不變的說法，故必須適合其根機。

根機含有個性、習慣、生活環境與背景，以及所受的教育等各種因素的湊合。此外，就是在修學上下的工夫多少，如說一個人有慧根，即是說他對佛學的認識領悟很快，或接觸佛法能很快地接受，甚至在修行時很快有效果。但此慧根非突然，而是有很多因素的。其中，就是他曾在這方面下過工夫，即他在前生或很多世前接觸過佛法。就如學習過某物，過一段時間再學便很快上手，新學的則不然了。這些都包括在眾生根機裡面。

佛陀說法一定有兩個相契處——契機和契理，此四悉檀的作用也在契機契理。當然，中心點根據還在契理，不過運用不同方法來指導。

世間悉檀

我們先了解世間悉檀（或叫世界悉檀），它的作用是引起我們的樂欲與歡喜，而生追求的心理。稱世間悉檀，是因為此種成就或在運用此方法時，是以眾生所能接觸到的層面做為他演講、宣揚真理的根據。佛經內有很多道理，其實是屬於世間悉檀的，比如說「人從哪裡來」的問題。假如根機不是很利的，佛就不會直接對他講是緣起和合的，因為他沒辦法了解，眼光只看到這個世界，才會問這個問題。佛就跟他說是從光音天來（禪定天之一），那邊的人本來很輕，來到地球見有很多食物（果實），吃多了身體變重而飛不起來，就成了地球的人。這是因為當時印度人的思想觀念認為人是梵天所造，為適應便說是光音天來的。以現代話來講，就好像是說人類從外太空或其他星球來的。

現在很多人在考據，要推翻達爾文的進化論，因依他的進化論，人類根本不可能出現。假如大家一同進化，沒理由人類這麼進步，那些動物還是留在原來的位置。如眼、耳、鼻、爪等動物都比人類強，沒理由人類反而進步。

有的人則說人類是外太空的試驗品，成功的就是人類，不成功的就是那些人猿，這些都是想像。有人還會問：人從光音天來，那光音天的人又從哪裡來？「另一個天來。」另一個天的人又從哪裡來？又另一個天來……到最後，可能光音天的人是從地球去的……繞了個圈。

世間悉檀對真理是沒什麼影響的，知不知道人從哪裡來，跟解脫生死是兩回事。但既然要談論也可以跟你談，等到你滿意了也就會接受佛的教法了，所以是為了讓人歡喜才講的。另外，這也屬於人類起源的探討。

印度人早期的世界觀念可以在佛經裡看到，佛經所講的世界結構，是這樣的：有一座山叫須彌山，山頂大、山腰小、山腳又大，四邊有四洲——東勝神洲、南贍部洲、西牛貨洲、北俱盧洲。圍繞須彌山的是八重海八重山，最外的山叫鐵圍山，是地獄所在。這是佛經的地理觀，但實際上是二、三千年前印度人的地理觀。因為有人問佛，佛就這樣答，所以記載在經典裡。佛所講的四洲，那邊的人臉都跟洲形一樣，如半日形、圓形，南贍部洲是三角形。試想想：南贍部洲在哪裡？就是印度囉！印度的地形就是三角形，而我們地球人的臉形近三角形。所以當時的人這樣想，佛就這樣講。實際上，佛觀這個世界如菴摩羅果，形似地球自轉時的形狀，南極稍微凹進，北極稍微凸出。

再說，須彌山跟喜馬拉雅山不是很接近嗎？當時印度人知道北部有這座山，亦知東、西、北方都有國家，而北部北俱盧洲的國家是無政府狀態，自由自在、無夫妻關係等，近似原始人的生活。這些都是印度人累積下來的觀念。

所以，佛經裡很多都是為了因應當時的需要或能了解的來說，否則如果跟早期印度人說地球是圓的，並且繞著一個天球轉，他們根本不能想像、接受。「怎麼我們住的地方會旋轉，那我們豈不是會飛跑了？」「如果地球是圓的，我們站在上面，不是會掉下來？」我們常把不懂、不了解的東西說成很玄、很深，其實真理並非那樣，只是不能想像。

說個笑話：有個人在白天從美國打電話給住在台灣的老祖母，由於時差，台灣剛好是晚上。老祖母感到莫明其妙，孫子這麼晚還打來。一個孫子解釋說：「因美國白天，這裡夜晚，他是白天打來的。」老祖母生氣說：「哪會那邊白天、這裡晚上，你以為我不知道，欺騙我老啊！」另一個孫子就說：「他是白天打來，因為美國離這裡很遠，等到它傳來，不就是晚上囉！」老祖母就很高興地接受了。所以，地球一邊白天、一邊晚上，對那位老祖母來說是從來沒有聽過的觀念，可能她沒出過遠門，見識不廣。跟她說因為很遠，等傳到時就晚上了，她還會接受，而那個說實話的孫子反而被罵。

比如對幼稚園的學生講「牛頓定律」，他怎會明白？可是你拿一粒球丟給他玩，球在滾動時又去踢它，使它往另一方滾去，然後跟他說這是「牛頓定律」，不就明白了嗎？

因此，世間悉檀是要適合人的知識水準或要求的。

有的人很喜歡拿科學來印證佛學，可是佛學有其特質，不會因科學印證了，佛學就很了不起。不過是對那些喜歡科學的人以科學來談佛學，或是適應這個時代的潮流而已。然而科學常在演進中，可能二百年後，現在的理論就會被後人推翻了。如愛因斯坦的「相對論」，有人欲印證，也有人要突破他的理論。因為愛因斯坦的理論是用於大氣層內，那麼真空時又如何呢？第一個上太空的中國人就是去做此試驗。再如光速在現在不能超越，可能以後就可以了。所以，經過不斷地累積、演進和突破，某個時代就有某個時代的知識。而佛法在宣揚時，就會用那個時代的知識。因此，現在也可以不用須彌山，而用太陽系來說明一個小世界，用銀河系來說明一個大千世界，一千個小世界等於一小千世界等。觀念還是一樣的，但說法或表達方式就不同了。

所以，佛應用了世間悉檀，這些都屬於知識的，但不要因所說和現在不符就完全抹煞掉，然後連佛法也抹煞掉，這是不知其適應性。世間悉檀契理的成分比較薄弱，它以契機為重，隨順著你的同時，其宗旨在引進佛門。否則跟你講知識範圍以外的，或和所知衝突的，你就會排斥它了。

為人悉檀

第二是為人悉檀（亦叫各各為人悉檀），其宗旨是引生善法。它講的不一定適合你的根機，或使你歡喜，或隨順你的意願或知識，它只是要引導人去行善，告訴你做善事會怎樣好。這些道理在佛教裡有很多，如布施、忍辱、努力向上，鼓勵、引導你多行善法；行了善法後，會幫助你在修道上建立更好的基礎而無障礙。

此悉檀就是佛教所講的道德，比如在《善生經》就有適應大家的方法。《善生經》的善生禮拜六方卻帶有迷信，佛陀不破斥他，仍叫他禮拜（這是世間悉檀）。說他拜六方很好，佛教也拜六方，此是為人悉檀，但佛教的六方是：東方講父母和子女的相待關係，怎樣互相對待對方；南方是師生關係，老師應如何照顧與教導學生，學生又如何供養尊重師長；西方是夫妻，北方是親戚、朋友，下方是僕人與主人，上方是宗教師與信徒。

其中，下方僕人跟主人之間的關係，如日本公司的勞資關係良好，有人說是從儒學那邊學來，不對，這是從《善生經》來的。《善生經》中有講到老闆怎樣體恤工人：一是給他的工作須是能力以內的，二是不可讓他操勞過度，三要給予適當休息，四是病了要給予醫藥治療；而做工人的要效忠老闆、好好服務等；兩方面互相照顧，關係良好，便不會有勞資糾紛了。所以，日本較少勞資問題。而西方則一方爭取、一方對抗，常鬧問題；有時罷工一個月，整體操作與經濟發展都受影響，何苦呢？

《善生經》也提及哪些朋友應該結交或絕交，以及哪些行為不應做，比如喝酒、賭博，且都指出喝酒、賭博有何壞處。在《大智度論》中也說喝酒有三十多種壞處，可見佛陀知道得多清楚。

所以，為人悉檀就是要引發善法，為了你好而行善，使你更接近真理。

對治悉檀

第三是對治悉檀，以制止惡行為宗。如生病了要找醫生，心病或行為生病了也要對治，否則繼續壞下去就沒辦法了，故小惡也要止。

講一個故事：有個強盜犯了罪，被處死前要求見母親一面。他跟母親講話時，一口咬斷母親的耳朵並罵她，因為當年若不是他母親，就不會有現在的下場。原來這個大盜小時偷了東西，母親不但沒有打罵他，還稱讚他；結果長大後漸漸學壞，後來變本加厲，殺人放火。很多家長都會這樣，我聽過一件事：有一位老祖母，每次去買東西時總會帶小孫子去，她付錢時，小孫子就去偷東西，回家後總得意地稱讚她的小孫子聰明，因為她占了店家的小便宜。我們的念頭也是，小惡若不滅掉，就會變成大惡的念頭及行動。

所以，佛陀教我們要持五戒來對治惡行。不要殺生，還要護生、放生；不偷盜，還要布施；不邪婬，還要建立完美的家庭；不妄語，還要講該說的話。止你惡行，勵你行善。

五停心觀

在對治裡面，有一般性和專門性的對治。專門性的對治，是用在禪定和慧觀方面（就是思想方面）。在修行過程中，內心若生起惡念，就要對治。靜坐時有五種對治方法，比如眾生皆有貪、瞋、癡煩惱，但有些人的貪心特別重，可用不淨觀對治。一般貪是指貪男女的色欲，這會使得修道很難成就。佛經中有關這方面的對治法，假如給女性看了會受不了，因佛陀常講女人是毒蛇、是魔鬼，女人會覺得佛陀不公平，其實這是對比丘講的。假如看佛陀對比丘尼講的經（可惜都沒留下來），他也會講男人是毒蛇等不好。所以，佛陀對女人說男人的不淨、對男人說女人的不淨，當修行成就時，互相見了都不會起男女色欲。

要修不淨觀的方法，可以觀想最心愛的人死掉了，擺在面前，全身發腫；之後屍體膨脹、爛掉，血、水、蟲、肉都跑出來，面目全非；最後連腸胃內臟等也露出來了；然後蟲吃掉屍體，剩滿地骨頭，開始很髒，後來變淨白了。如果修成功，看全部男人或女人都是白骨，哪裡還會去愛他、抱他？但這只是對治而已，還是不究竟。因為那樣會不只觀他不淨，還觀自己也是一堆白骨。既然自己如此，還留著何用？所以觀成後便轉成淨觀，觀骨頭成淨白，或轉為慈悲觀。就如吃藥，病好了就不要再吃；或假如身強體壯的人，還需要補什麼呢？

假如你瞋恨心重，看一些人好像都欠你什麼似的，動不動就想跟人吵架，這時就要用慈悲觀。為何要生氣？若知道人家快樂，你也會快樂；他人很苦，希望他人快樂；甚至跟你沒關係或你討厭的人，也希望他快樂。這樣觀下去，看別人乃至討厭的人都會覺得很好，看起來都不討厭了。

假如愚癡的，愚癡不是說不聰明或白癡，而是迷昧事相和真理，執我、我所，那就分析因緣——因緣觀。觀因果關係，觀一切因緣、現象，去對治執常、執我的無明。

我慢心重者，則用界分別觀。界有十八界，或為六界——地、水、火、風、空、識。慢心是因為有我執，就用十八界或六界分析他的生命，他在哪裡？那還有什麼東西值得驕傲的？

心多散亂的眾生，就用數息觀。當今的社會和世界真是多姿多采，五光十色，森羅萬象，光怪陸離——我們怎樣不受影響？這些都在刺激我們。以前佛陀時代，中國古代乃至世界各地，人們的生活都很單純。可是現在不一樣，現代人的心易受外境影響。因為外境非常複雜，從而不斷往外攀緣，導致心散無力，故以數息觀來對治。當把心安定下來再用其他工夫，必會更有效果。若此方法用得好，它不只產生對治作用，還會引生善法。

以上都是較根本的對治，對治我們內心的妄念與惡行。平常一般性的對治也有，如告訴你不應該做的事，也是一種對治，就像毛病，重病用較猛的藥。現在講的都比較深，是直接對治內心的惡念或煩惱的心所法，因它是引生我們去造作惡的力量。不過這個工夫不容易，若做得好，會發現對人格修養的提昇很大。

在修行時，除了五戒以外，還要往內心去看。五戒只是制止言行跟身行的惡法，不包括內心想的。你想殺人，但沒去做，便沒犯戒，可是內心的瞋恨心很重，若沒消除它，有一天會因忍不住而真的殺人，那就不得了。所以要對治，要對治就得提昇佛學的認識，甚至深入去探討。比如為何要受五戒？那是因慈悲心。為何要對眾生慈悲？是因為因緣和合，大家共同生活在一個地球上，多一分祥和、多一分愛心，生活在這個世間的眾生就多一分快樂；多一分暴戾氣氛，內心便不能安定，世界也不能安寧。所以，何不多製造和諧氣氛？若要祥和，當然就不要去傷害別人或其他眾生。內心起殺人的念頭若沒有制止的話，難免會引發為行動。

因此，要靜下來好好做慈悲觀：「我是否可以幫助別人？」「別人快樂，我能跟他一樣快樂嗎？」那時根本不必守戒，也不會去傷害或破壞別人了。守戒只是外在的範圍，就如人做壞事才要監牢來關，若人人內心都淨化，就不需要監牢了。可是我們的內心還是骯髒、污染，故仍需監牢。但有監牢，是否表示我們就不會造惡？

所以，五戒只是制止我們的外在行動而已。學佛是不能停留在原地的，因為不進則退，生命和時間不會因我們停而停，它會消逝。我們就因浪費時間、浪費生命而相等於退步了。因此，必須從外在進而到內心的對治，使境界不斷提昇。

第一義悉檀

四悉檀中最高的是第一義悉檀，其作用是顯了真義，顯示真理，它是佛教最重要的成就法。龍樹菩薩說前三悉檀可破、可壞，此第一義悉檀不可破、不可壞。即前三悉檀可隨時間、環境、人的個性及種種生活習慣、需要而作適當的改變，唯第一義悉檀不可動、不可改變。因為它為整個佛法的中心、根本，也即是真理法則。佛弟子必須依根本法則而有不同的適應，使佛法能流傳、延續下去，為眾生帶來光明、希望。

根本法則若掌握、應用得好，佛法就興盛，眾生就獲益；如掌握不好，佛法就會變質，如印度後期的佛教就因此而變質。但若只有第一義悉檀而無前三者之助，佛法無法弘傳開去，當然也就無法傳承下來。

三法印與三系

若用原始佛教或根本佛教的教理，此第一義悉檀便是三法印。若以大乘佛教依三法印而作更深的透視，就是一實相印或一法印。這一實相印講一切法畢竟空，此是用文字所能夠表達中最高深的。很多人說空很玄，其實空並不玄，如說茶杯空，並不是指沒有茶或茶杯不存在，而是指茶杯乃因各種因緣組合而成，沒有永恆不變的自性，故是空的。但空無自性，又同時承認茶杯因各種條件組合而成的存在事實。簡單地說，空就是否定一切存在的自性，卻肯定一切存在的存在。

大家之所以會覺得玄，什麼五蘊、十八界皆空很難懂，是因為過去沒深入經藏，淺學佛法，所集善根及福德智慧資糧較少之故。那就通過唯識學的講解，一切唯心識所變現，外在一切皆空。心識是一種「能」，當把心淨化，就成佛了。

可是在講唯識時，要講無我，因為心識是無我，是緣起和合的。「我明明在這裡，怎會無我？」所以，又講真我。那個是假我，它一直在變，唯真我不變，故只須將真我顯現即解脫。你的本性是清淨的，本來是佛，將污染除掉，佛性即顯現了。唯此「如來」含藏在煩惱裡，叫如來藏。心是本來清淨的，故叫「真常唯心」。外在假我是虛妄的沒關係，只要好好修行，真我就能顯露。所以，以真常、真我、真如、如來藏等來說明，不是可明白了嗎？

有的人一聽「無我」，便問：「那誰在輪迴？誰在成佛？」其實在講這句話時，「我」不是在那邊了嗎？故根機不同，佛有不同說法。但不管如何，總會回歸到緣起性空，這個「我」（如來藏）只不過是緣起「空」的另一個代名詞，令聽者不生恐懼而已。修行而證悟到了，就能明白。

所以佛說法時，最根本的先講，若眾生沒辦法了解的話，就用另一個方法來接引，因此就講得很多，主要在契合根機。佛的教理其實只有真理，而要宣揚、表達這些真理法性，現代的人就要用現代的工具、語言和文字。我現在用黑板很平常，不用的話有人還會奇怪，但以前太虛大師用黑板弘法，竟被一些保守派罵為魔。因當時講經說法都是以開大座方式，是很嚴肅的。而且要披袈裟如紅祖衣，還要唱讚，大家正襟危坐，哪像現在輕輕鬆鬆、活活潑潑的。當然，後來證明太虛大師的作法是對的，因為他跟得上時代的潮流，我們現在還會用投影機、幻燈片或藉由電視、電影等方式。佛法要走入人間，不要只是在大殿裡。時代在變，這是世間悉檀，要用世間人的知識、觀念、工具來傳達佛法的訊息。

在傳達中，還要教人行善，對治惡行，此種種終要回歸第一義悉檀，到最高深的真理。若未達此境界，也不必擔心和急進，就在那個程度先了解。佛法有深的一面，但是有程序的。深是因為還沒學習過或基礎沒打好，名詞觀念還沒搞通。佛教跟世間專門知識的相同處，就是佛教亦有許多專有名詞很難懂，但下苦功學就不難了。如愛因斯坦的相對論（$E=mc^2$），若沒學習過物理學，不知種種名詞的應用，當然就不知E.M.C.代表什麼？它在講什麼？以為$E=mc^2$，就是E=Mon Cha Cha，蒙查查了！

所以術語搞通，深的道理還是可以理解的。當然，有些還須去印證，還有看生活經驗、思考能力，以及實踐的程度才行。因此，先搞好你的程度範圍，再逐步提昇，就能生巧。就如學科學的，須一級一級地了解上去。要知道，有些理論只有幾個人懂，如愛因斯坦的相對論及羅素的數學理論等雖有其深度，但不是完全不能了解。

我們可以有個很高的目標，但在過程中不要勉強。愛因斯坦不是說過：我是巨人肩膀上的矮子。巨人就是前人累積的知識和經驗，我們不要忽略巨人，只要充實自己，就可以漸漸學會了。有了前人，我們可以減少摸索，而有足夠時間慢慢去理解前人的知識及佛法，依此經驗而繼續往上提昇。

所以，不要把「深」和「玄」當作懶惰而不肯求知、求上進的藉口。像「空」這麼高深，其實我們已經在用這個空，只不過還沒了解罷了。空，就是生活的種種現象及現象所依的理則。

以四悉檀分析《心經》的內容

一般在講《般若心經》時，我們會用不同的判攝方法，即是對經文的組織、內容分段去解說。

我們可以發現經都沒有分段，甚至論也一樣，所以要分段去解釋；而分段時要有適當的小標題，如一些經文或佛經的註解和講記就有，以便清楚重點。

《心經》分類的方法有好多種，每位講解或註釋《心經》的大德，都會有不太相同的註解方法。印順導師的《心經》註解，是在正釋的時候作兩個主要標題，從標題再細分，因此一看即知其組織大概。現在我所用的方法和他人不太一樣，也許不是最好的，但比較新式，我是應用四悉檀來分析《心經》的。如果沒記錯的話，此法我還沒見他人用過，但它會使你對《心經》有個程序的了解。

從「觀自在菩薩」到「不增不減」，是第一義悉檀；從「是故空中」到「無智亦無得」，為對治悉檀；從「以無所得故」到「阿耨多羅三藐三菩提」，是為人悉檀；最後「故說般若波羅蜜多」到「薩婆訶」，為世間悉檀。即《心經》有四種成就的教導，不同的段落與內容，有針對不同層次的眾生所需，而讓他們理解的經文。

第一段歸第一悉檀，因它一開始就說出佛法最高的義理——空。可是發現眾生不易體會，對此世間的了解是落於「有」的層次，故用否定來對治，將所有對世間的執著否定掉（對治悉檀）；然後再鼓勵大眾行善，行般若波羅蜜者，方能成就菩薩道和佛道（為人悉檀）；但又怕根機更淺的眾生，聽了都沒興趣，故拿眾生喜歡的咒語來接引，便是世間悉檀了。

《心經》的中心（經眼）是前面「觀自在菩薩，行深般若波羅蜜多時，照見五蘊皆空，度一切苦厄」這句。在行持時，必有能行者與所行的方法及效果。能行的是「觀自在菩薩」，所行的是「般若波羅蜜多」，效果便是「照見五蘊皆空，度一切苦厄」，也就是般若波羅蜜多。般若是智慧，波羅蜜多是圓滿成就或修行過程階段。行般若便能照見五蘊皆空，行般若的宗旨便是度一切苦厄。所以，照見五蘊皆空就是般若，度一切苦厄是波羅蜜多。

後面再加以解釋。《心經》前面一段還是直接談空義，第二段用破斥、否定的方法，第三段用鼓勵行善，末段是適應一般眾生根機而有的咒語。

首先說行般若波羅蜜的人，稱為觀自在菩薩。觀自在是誰？鳩摩羅什大師的翻譯是「觀世音菩薩」，玄奘大師則譯為「觀自在」，有差別嗎？其實，只是梵文Avalokiteśvara及Avalokita iśvara的差異而已。

有些人以為什譯或奘譯有問題，後來發現原來是在梵文應用的問題。如經典直接從印度傳來，多數是譯「觀自在」；如從西域傳來，則多數譯「觀世音」。也有人以為玄奘大師翻譯為「觀自在」，問題出在「世」字，因當時的皇帝是李世民，為避諱而稱觀音，此為中國人的習慣，故玄奘大師譯為「觀自在」。其實並不確實，因為根據梵文，兩種翻譯都沒有錯。觀自在菩薩可以當作觀世音菩薩，也可當作任何一個人，只要他達到那個境界。

講到觀世音菩薩，大家就會想到一個美麗、溫柔、慈祥的女性，其實印度的觀音是有大鬍子、雄糾糾的一個菩薩，傳到中國後才變成溫柔的女相。這是以母性來表徵慈悲，也是一種最好的方法。

很多人會想觀音菩薩在北傳佛教才有，南傳佛教沒有，因為他們的經典沒講到，可是現在他們也有了，就是在適應眾生的需要，甚至有些地方也供奉地藏菩薩。在佛教的發展過程中，當大乘發展起來，就不斷把佛陀的精神發揮出來。開始是用理論，它較容易適應知識分子，但對一般民眾就比較難，和他說慈悲，很難想像慈悲是什麼，就說有個菩薩聽到世人的求救聲，他就去救護，這就是慈悲，觀音菩薩的形像也就建立起來。從人類宗教的理解上，是可以如此解釋的，因為理論或精神是需要具體形象，才能凸顯出來的。若從宗教的意義上，觀音非此地的菩薩，是從其他佛國來的，故一些經典沒提到他，因佛陀說法時，觀音未來，故此經典沒有記載；而觀音到來時，記載在另一些經典，那些人則沒有得到，因此就不知道了。

不管怎樣，觀自在菩薩在般若系統的經典裡，尤其《心經》，占有重要的地位。整部《心經》就在表達觀自在菩薩怎樣去實踐般若波羅蜜，及把他的境界表達出來。所以，那些較完整的梵本《心經》，是觀自在菩薩將其行持、經驗告訴舍利弗（Sariputra），即舍利子。舍利（Sari）是一種鳥（鷺），putra是子。舍利弗的母親眼睛像鷺的眼睛很美，而被稱為舍利，其子便叫舍利子。

舍利子在佛教中被譽為「智慧第一」，故佛陀在講般若經典時，常對舍利子講。講空需要像舍利弗這樣的人講，他才能領會。另外，常在般若經典中出現的是須菩提，他是「解空第一」，最了解空，《金剛經》就是以他為當機眾，而《心經》的當機眾就是舍利弗。

其實，有許多經典並不是佛陀親口講的。如《華嚴經》，它分成很多會，在忉利天、夜摩天、菩提道場等處演說成就的，佛陀在場主要放光、印證菩薩所說，內容大都由不同菩薩講不同的法門。比如一開始講十信位，後講十住、十行、十迴向、十地，乃至等覺、妙覺，漸次而說。此《心經》也非佛陀直接講的，而是由觀自在菩薩所說。

經文開始先談觀自在菩薩，然後就把《心經》最主要的內容提出來。《心經》要表達的是什麼？即是佛教中最高深的理則——空。要證此空，並照見五蘊皆空，而度一切苦厄，那就必須行深般若波羅蜜多，而且要非常深地去行。這個「深」不是單單口講或作些觀想，而是真正地去實踐，甚至整個身心投入，及從生活各方面去體會。做到此，才能照見五蘊皆空，度一切苦厄，那就是觀自在菩薩了。

自在與菩薩

我們修學佛法要自在，就要隨時隨地生起明覺、觀照的工夫，內心完全從所有束縛中超脫，那就觀自在了。所以，觀世音菩薩的化身無量無數。這化身若從哲理上來講，就是指那些體會及深入到觀世音菩薩的精神與境界者。因為觀自在菩薩是個圓滿慈悲精神的象徵，任何人能夠圓滿成就、實踐、表現此一境界者，即是菩薩的化身。好比千江有水千江月，月在天上，只要有江有水，即見圓月映現，此月便是天上月的化身。任何人只要能行深般若，照見五蘊皆空，度一切苦，即能觀自在，即是觀自在了。

度一切苦厄有兩重意思，一是自利，一是利他。自利是度自己的一切苦，利他是度一切眾生的苦。因此在佛教來講，我們都可以做菩薩，只要去實踐菩薩道。此菩薩跟一些顯異惑眾而說自己是某某菩薩的情形不同，菩薩不是給人家封的，有些教派或所謂的精神導師，還封他的弟子做菩薩（那大概就表明他本身就是佛吧！此等未證說證的情況，就是大妄語）；而很多做弟子的也很喜歡，因為他自卑，突然被封菩薩，他就洋洋得意了。

太虛大師說過：「願人稱我以菩薩，不是比丘佛未成。」因為比丘戒太多、太細了，行持不到，故他不是很好的比丘，且也還未成佛。但喜歡人家稱他菩薩，這是直下承擔，行菩薩道，這種胸懷是了不起的。菩薩努力於度生，卻不急求成佛；而有的人為了成佛，連眾生的死活、痛苦都不理，他還以為能夠即身成佛。當然，菩薩有層次的高低。我們也在學習菩薩道，而我們還有煩惱、還會犯錯，會起貪瞋和無明，但那個心願是有的，盡力去推動佛教，提昇自己與他人，行六度利他，那我們也是菩薩，這是「凡夫菩薩」。

當我們漸修，行六度依般若觀照，也會成為觀自在菩薩，也會成就聖賢菩薩的階位，那時就有更大的力量了。菩薩想到慈愍眾生、利益眾生，就會不斷提昇自己，廣學一切。我們看到經論，及這麼多弘化的工作和心血的結晶，都是菩薩做的，這些都利益了我們。

破執

要了解到，佛教說空，主要是破除我們的心病——自性見。在用「自性」二字時會發現它不好用，因它有兩個用法，用在不同思想上就有不同的意思。〈四弘誓願〉中的「自性眾生誓願度……」的自性，是真常唯心的思想。因真常唯心中講一個真常心，故肯定此自性，自性是自己本性中具足的。自性中具備了佛性，故叫自性佛。

在中觀或般若系統的思想中，自性是指永恆不變、獨一存在的主體，此主體是如何發生？是否有主體存在？這些都是人類的自性見去執著它。我們執著世間的一切，都有個永恆不變的性能，是能獨一存在。以空的思想而言，一切存在是沒有自性的。

空——事理無礙

我在談空時常用兩句話，即：「空是否定一切存在的自性，但肯定一切存在的存在。」後面的存在，是現象的意思。空的意思，是否定一切存在有個永恆不變的主體，但肯定這個東西存在的現象。

一切的存在，都是緣起和合的現象，是各種條件和合而成就，本身無有永恆不變的主體，它不能獨自存在，也不能主宰，故它的本性是空。因此，它是無常變化的，不能永遠保持一個樣子。但我們不否定它存在的事實，只是因它是條件和合的，所以是個假相。它不是本來如此，也非必然永遠如此，它（所有的事相）是緣起的，這就是空。

因此，一切存在是無常也是無我的。但佛教在講空時，是從理性上去看，非從事相。我們須清楚佛教在講道理時，是站在事相還是理性的角度去講？理性的角度是使人更透徹事物的本性，事相則是直接看出現象的存在；而事相是依理性而存在，此理性即為「空」。事相乃依於各條件才成就，故本身並非永遠、必然和本來就這樣的存在。比如茶杯，它是人做的，不是「本來」就如此，也不會「必然」是那個樣子，更非「永遠如此」。茶杯的出現與存在是依空而有的，也即是依於理則才能顯現，如此有與空就貫通了。

色法即是這種緣起和合的現象，本性是空，而事相與空無差別，即色不異空、空不異色，看到的東西等於空。當在講相等、不異時，是有兩個層次，即色和空，比如秤，在秤時兩邊平等，一邊放色、一邊放空，故說色不異空、空不異色。為何仍要說色即是空呢？這比相等更進一步，就是說它能融合在一起而不必分成兩個來談，因事與理是相等、一體的。若能見一事物而當下了解其空理，而且兩者之間沒有差異，並且相即，那即是開悟了。

一旦能從分析理解一切當下是空，便契入了境界。《華嚴經》中說事無礙、理無礙，事無礙就是了知一切器界或現象的存在（如茶與桌子、山河大地等），理無礙即通達理性法則，而我們要做到事理無礙。有的人理論知道很多，甚至很玄、很深都知道，但叫他行持（如捐血）卻不能，這就不是事理無礙，而是有礙了。

因此，必須知行合一、事理無礙、色空不二，如能達到這樣的境界，做什麼都圓融了。當事理無礙了，還要事事無礙，但這個可能比較玄一點，比如說茶杯是空、椅子是空，那麼椅子就是茶杯、茶杯就是椅子。你用平等性的眼光去看一切，一切都是相等的，因為一切東西都是本性空，故無有差異而是相即的。所以，諸佛眼中的一切眾生都是佛，都是平等的。不論以什麼態度對待他，或以火燒他，還是以香供讚歎，他都同等對待你，完全平等，這即是事事無礙。

且先說事理無礙。空是平等的，一切眾生也平等（因為眾生也是緣起和合，是空的），所以要平等對待大家。怎樣平等？比如說人和畜牲都是緣起性空的，故養人和養馬一樣，都給草或飯吃，當然是錯誤的，因為這不是正確的平等。真正事理無礙而平等的話，就知道理性上，人和馬是平等，因為都有佛性，人和馬都能成佛。但事相上兩者就不平等，人應該是給他飯吃，而馬應該餵牠吃草。用人的態度對人、用馬的態度對馬，這才是正確事理無礙的觀念。理平等，事也應讓它平等，但事相是有差別的，不可能用粉筆來喝、用茶杯來寫。

所以，雖然人的潛能是一樣的（佛性），理性上對每個人、事、物都應平等對待。但人有男女之別，環境、個性、生活情況、教育程度等都不一樣，要看出其事相的差別和功用的不同，發揮每個人、每件事物的長處，人盡其能，物盡其用，不能都要求一樣；不能因為要求平等，就把高的人砍掉一些而讓高度統一，其他方面也是如此，這就要有眼光。

同樣的，佛法的理論很好，但實踐起來也要看自、他和內、外事相的差別及環境、因緣的具備等；貫通了事理，處理事情就會得心應手。再說，事相是已顯現的，它並非完整的現象，因它一定依於某種根據、某種理則。事與理，一是緣起，一是性空。

我空・法空

在此須注意的一點是，它整個雖以色蘊來分析，實已包括五蘊，甚至是前面所講的三科（蘊、處、界），乃至十二因緣、四聖諦等。只不過在分析時，是以色為主、為代表。因三科中五蘊排前，五蘊又以色蘊排前。所以，此色蘊在說明上就涵蓋五蘊、三科以及一切現象，包括生命現象。因為是以色來談，很容易使人誤以為佛教講的只是色即是空，而說什麼色就是物質，空就是能，物質就是能，能就是物質，這是以科學方法的世間悉檀去了解，其實不完全是這樣。

接下來，受、想、行、識也是空，空也是受、想、行、識，此也有兩個層次。五蘊是個生命體，此生命是由五蘊或十二處或十八界和合而成，緣起和合，所以此生命是空，它不能永恆、獨存。此五蘊的根身是空，是學佛者可了解的。比如拳頭，若五指分開即不叫拳頭，因此在握拳的當下即看出是空、是假相，因為一張開手就不叫拳頭了。若能如此觀照，事理即能透徹，在看這個生命體時即知它是空，這叫我空，是第一層次的空，當下也就能夠解脫而不受生死輪迴。

更進一步的，不只看到拳頭是空，也看到個別的手指也是空；不只是五蘊和合（的根身）是空，也看到每個蘊皆空，這即是《心經》所講的，這更深層次的空，叫法空。單知這生命體的空就可解脫，但若進一步體會組成的元素也是空、也是緣起和合，那就證得法空了。

一般，了解五蘊和合的根身是空，是部派佛教或原始佛教所講的空，即無常無我。我們更進一步地知道，組成任何現象的元素本身也是空，也是其他因素組成；因素中再分析，徹底地空下去就叫法空。若能體會法空，即可度眾生而無障礙。證我空是自利、自了生死，證法空則能利他而圓成波羅蜜多。

因此，《心經》是直接講組成生命體的因素是空，色即是空乃至識也是空，故「五蘊皆空」而不是說「五蘊是空」，因此是畢竟空。透徹的那個境界，是五蘊法、十二處法、十八界法、十二緣起、四諦法乃至一切法的空相，它無法有個直接的名詞表達，只能說是不生不滅、不垢不淨、不增不減。

不生不滅

一切事物緣起和合即生，緣滅則滅。我們看到所有的事相都有生滅相，生即從無到有，從有到無叫滅，此生滅是事相上的生滅。理性上則是空，所以不生，故也就不滅，它本來就沒有生過。說它生，是因它顯現了，可是其顯現是因各條件和合，它的本性是沒有生。即不生，則哪裡會滅？故理性上是不生不滅。若體證此不生不滅的境界，知道生命的存在只不過是緣起和合，是個相。它離散時看似滅，實無所滅。那什麼叫生？什麼叫死呢？若沒有生死相，也就不會有苦惱了。

一切法的空相既不生不滅，就沒有垢和淨之別，更沒有增和減了。

看出了不生不滅，還有另一個看法要解決。

我們對世間的了解是生滅，見其生、見其滅，故去追求它生從何來？滅往何去？在找答案時，就製造了種種學問、思想，甚至以自己創新的見解來解釋。生之前、死了以後，乃至誰創造了人，就在那邊繞圈子，佛說這些都是戲論。講呀講，什麼都沒有，愈談則真理離我們愈遠，只因我們都落在生滅相，看不出本性的空寂，不生不滅。

我們既然看不到前生和來生，故不談前生和來生，那就只談這一生。從小到大，十年前、十年後，似乎都沒有變。佛陀則說，生命乃至一切是一種延續，它是不斷不常。不斷是說東西的存在有個延續的作用，此作用若說是力量，便是業力。但在延續中，它並非永遠相同，故說不常。此不斷不常不能分開，而應合起來講。若直接分開來說，不斷就是常、不常就是斷，觀念一建立起來時，就肯定打成了兩截，又落在相對裡，難以改變而未見到絕對超越的真相了。

所以，說不斷是有延續的作用，說不常是有變化的作用，一切在不斷地變化中，卻仍保持一定的延續作用。以蠟燭為例，它在燃燒時，第一剎那的火到燒完的剎那，兩段不同時間的火，是不斷不常的，因為最後剎那的火來自開始時那一剎那的火，但後火又非前火，卻又是延續前火而關係密切的，故也即是「不即不離」。今天的我不即是昨天的我，但今天的我不能離開昨天的我而得今天的我。

在不斷地改變中叫無常，而此無常有兩種現象：一種是非常小的（剎那生滅），看不出來；另一種是很大的現象（分段生滅）的突變，可能整個個體起很大的變化，但此大變化非離前個體而有。就如生命生長時是小變化（新陳代謝），不會察覺；若一天發生意外突變而斷腳，就可看出無常的作用。但斷腳的你與未斷腳的你有著什麼樣的關聯？即不斷不常，不即不離。

若更大的變化，如色身壞了、死了，在自我愛很強而不想死的意念中，就會使這個力量延續下去。在另一個地方以新的生命體出現時，和前世當然不同了，但還是前世的延續。所以，前世造了什麼業就得去承擔，此即不斷不常、不即不離。

在無常延續中，就有小變化和大變化，故有生和死；而此生死之中，又有住與異的現象。若再細說，每天都有生死——小生小死。如睡覺時，就等於一次的生死，忘了許多事情；而昨天的行為、力量延續到現在，昨天那刻也不知今天會發生何事？不過，今天做的事會使明天發生什麼事，多少可看出某個明確的趨向，但能擔保明天一定會發生嗎？不一定，因為還有待明天其他條件的組成，但有可能發生。因此，是不是要對那個可能發生的現象負起責任？而有些是必然發生的，因為力量太強了。

因此，佛教說不斷不常，但佛教特別強調無常，又是為什麼呢？這是因為人執於常很深，講無常、強調無常有對治作用，故以無常破斥。但講到完整，還講不斷。佛法在講相對的否定時，總同時否定兩者，比如講不生一定講不滅，講不斷必講無常，講不增也要講不減，就是從兩個角度同時否定，才能顯出絕對的境界。這是在龍樹的論著中常出現的作法，從雙方面的否定以見到真相。因為人類的認識及世間存在現象是相對的，故須站在相對的立場，對兩邊都採取否定，真相就顯現出來，就好像看一件事物，前面、後面都看才能看得完整。

所以，此事相是空相；空相就是不生不滅，不垢不淨，不增不減，不來不去，不常不斷，不一不異，不即不離……。

破有而否定

「空」講完了，還是有人不明白，因此還要對治。由於我們執著所有的東西都是「有」的，故用「非」、「不」、「無」這些否定的句子來破對「有」的執著，而說「空」中無色，無受、想、行、識，無眼、耳、鼻、舌、身、意，無色、聲、香、味、觸、法，無眼界乃至無意識界；沒有無明（流轉門），也沒有無明盡（還滅門），流轉的老死無，還滅的老死盡也無；無苦、集、滅、道，甚至沒有能證得的智慧及所證得的境界——無智亦無得，所有的這些都是假名有，凡用名相解釋的東西都是緣起的假相，故都否定掉以破除內心的執著。一旦否定時，會發覺一切非我們想像那樣，我們認識的只是表相而已。

不過在否定的過程中，不是一味否定，要把境界提昇而更深地去了解實相；先了解其相才能否定，如知有色法才能否定色法。以此來理解《金剛經》，也是在否定的當下，提昇了自己的境界，但很少人能體會，故一被否定就害怕而誤解了它的意思。否定不是說不存在，只是告訴我們一切事物都是緣起和合的，我們所放的每個名相、標籤，如說這是眼、這是耳等，都只是表達的工具而已，不要執為實有而被約束了。所以，否定是為了衝破約束，莫要害怕而是應該提昇它。這一段是對治作用。

講到最後，能證之智與所證之境皆無，即沒有般若（智），亦沒有波羅蜜多（得）。你聽了可能就會慌張了，但接下來經文說：因為沒有所得，沒有般若波羅蜜多，所以（提昇起來的）菩提薩埵（菩薩）依般若波羅蜜多，就達到心無罣礙的境界；無罣礙就沒有恐怖，從最小到最大的恐怖（就是怕死）都沒有了，就能遠離顛倒夢想。所謂顛倒，即是指看事相都看相反的，把空當有、把無常看作常等，就是顛倒。

肯定與提昇

在這裡就是鼓勵你，你行持、實踐般若，心靈境界就會提昇，無罣礙、無恐怖等，這時候般若就生起來了。因此，行者得好好去行持，去利益他人。進而再說三世諸佛都依此般若波羅蜜而證得最高境界——阿耨多羅三藐三菩提，就是無上正等正覺。

之前才否定般若波羅蜜，現在又鼓勵眾生去實踐，這又是另一個角度、另一個層次了，也就是先破執而後再肯定、突破、提昇。講到這裡就差不多結束了，可是還有人聽不懂，故經文再告訴你一個境界，般若波羅蜜有很大的力量，故它是大神咒、大明咒、無上咒、無等等咒。

咒是印度人特別喜歡的，它可以當作一種力量，它也是不必解釋的聲音。聲音有它神祕的一面，有些聲音是我們聽不懂的。假如所不懂的都是咒語，這個世界上就有很多咒語。從印度人喜歡聲音、注重聲音，可以看出他們喜歡咒語。對他們來說，聲音是神聖的。所以，早期佛教以及婆羅門教的教典都不用文字，只用聲音口傳。重視聲音的民族，就易發展出咒語的文化現象，並以聲音做為他們修行的方法。佛教多少也受到影響，修行時也注重念佛的方法等。當然，這也是人類的根性，以念咒、念佛或偈頌來助修行。

因此，假如你用音樂來修行，它也類似一種咒語了。有時聲音也有特別力量，比如突然被不認識的人大「喝」一聲，他就會震驚。雖然「喝」的本身沒有意思，卻能表達那種力量。有些聲音在聽時能給人平和的感受，如聽輕音樂等；但有些聲音一奏起來，聽了全身都會動、扭、跳、轉；有些則給人莊嚴的感覺，就如梵唄。

所以運用聲音修行時，它會對我們的心靈產生某些作用的。這些聲音在修行過程中，會從單純演變到複雜；愈發覺得聲音的幫助和提昇愈大，聲音的運用就愈多而雜。其中印度最普遍用的是「唵」，它從丹田生起，通過喉部再由口中慢慢地發出來

「Ommmm！……」，每一個咒幾乎都有它，近似咒母。

佛陀發現運用此法，會導致迷信。因為你不了解它，就變得很神祕，發生了力量就歸在神祕法上去，所以佛陀不贊成。後來佛教在印度發展，因印度本就是咒語之國，最後吸收了咒語進來，甚至一些經典以咒語為主而組成，後期密教就是如此，以念咒、持咒為主。

為了適應當時人的習性，佛陀老婆心切，慈悲地多用幾個咒語，但是強調般若波羅蜜是大智慧的咒語，是無等等，沒有東西能相等的，所以能除一切苦。只要念它即除一切苦，是真實不虛的，這個咒就是「揭諦，揭諦，波羅揭諦，波羅僧揭諦，菩提薩婆訶」，意思即「去啊去啊，到彼岸去，完完全全到（涅槃）彼岸去，願正覺的速得成就」。

聽了前面一大堆，不懂，只好「揭諦，揭諦，波羅揭諦，波羅僧揭諦，菩提薩婆訶」了。

此引發大家興趣，這個接引方法是屬於世間悉檀的。

末了，《心經的智慧》到此也「波羅蜜多」了。

〔原文〕般若波羅蜜多心經

唐三藏法師玄奘　譯

觀自在菩薩，行深般若波羅蜜多時，照見五蘊皆空，度一切苦厄。舍利子！色不異空，空不異色；色即是空，空即是色；受、想、行、識，亦復如是。舍利子！是諸法空相，不生不滅，不垢不淨，不增不減。是故空中無色，無受、想、行、識。無眼、耳、鼻、舌、身、意；無色、聲、香、味、觸、法；無眼界，乃至無意識界。無無明，亦無無明盡；乃至無老死，亦無老死盡。無苦、集、滅、道。無智亦無得，以無所得故，菩提薩埵。依般若波羅蜜多故，心無罣礙；無罣礙故，無有恐怖，遠離顛倒夢想，究竟涅槃。三世諸佛，依般若波羅蜜多故，得阿耨多羅三藐三菩提。故知般若波羅蜜多，是大神咒，是大明咒，是無上咒，是無等等咒；能除一切苦，真實不虛。故說般若波羅蜜多咒，即說咒曰：揭諦，揭諦，波羅揭諦，波羅僧揭諦，菩提薩婆訶。

國家圖書館出版品預行編目資料

心經的智慧 ／ 釋繼程著. -- 初版 . -- 臺北市
：法鼓文化, 2010. 02
面 ； 公分. -- （智慧人；13）

ISBN 978-957-598-506-6（平裝）

1. 般若部

221.45 98025262

智慧人 13

心經的智慧

著者／釋繼程
出版／法鼓文化
總監／釋果賢
總編輯／陳重光
責任編輯／李書儀
美術編輯／連紫吟、曹任華
地址／臺北市北投區公館路186號5樓
電話／（02）2893-4646 傳真／（02）2896-0731
網址／http://www.ddc.com.tw
E-mail／market@ddc.com.tw
讀者服務／（02）2896-1600
初版一刷／2010年2月
初版六刷／2023年6月
建議售價／250元
郵撥帳號／50013371
戶名／財團法人法鼓山文教基金會—法鼓文化
北美經銷處／紐約東初禪寺
Chan Meditation Center（New York, USA）
Tel／（718）592-6593 E-mail／chancenter@gmail.com

法鼓文化